—

A L

Este libro se presenta en su forma original y es parte de la literatura y las obras religiosas del fundador de Scientology®, L. Ronald Hubbard. Es un registro de las observaciones e investigaciones del Sr. Hubbard sobre la naturaleza del hombre y las capacidades de cada individuo como ser espiritual, y no es una declaración de pretensiones hechas por el autor, la editorial ni cualquier iglesia de Scientology.

Scientology se define como el estudio y manejo del espíritu en relación consigo mismo, los universos y otros seres vivos. Así, la misión de la Iglesia de Scientology es sencilla: ayudar al individuo a recuperar su verdadera naturaleza, como ser espiritual, y así conseguir una consciencia de su relación con sus semejantes y el universo. Ahí está el camino de la integridad personal, la confianza, la ilustración y la libertad espiritual en sí.

Scientology y su precursora y subestudio, Dianética, tal y como las practica la Iglesia, sólo se dirigen al "thetán" (espíritu) que es superior al cuerpo, y su relación y efectos sobre el cuerpo. Si bien la Iglesia, como todas las iglesias, es libre de dedicarse a la curación espiritual, su meta principal es aumentar la consciencia espiritual para todos. Por esta razón, ni Scientology ni Dianética se ofrecen ni se presentan como una curación física ni hacen ninguna afirmación a tal efecto. La Iglesia no acepta individuos que deseen tratamiento de enfermedades físicas o mentales sino que, en su lugar, exige un examen médico competente en cuanto a condiciones físicas, realizado por especialistas cualificados, antes de abordar su causa espiritual.

El electrómetro Hubbard®, o E-Metro, es un aparato religioso utilizado en la Iglesia. El E-Metro, por sí mismo, no hace nada y sólo lo utilizan ministros y personas que se están preparando como ministros, capacitados en su uso, para ayudar a los feligreses a localizar la fuente de sus tribulaciones espirituales.

El logro de los beneficios y metas de la religión de Scientology exige la participación dedicada de cada individuo, ya que sólo puede lograrlos por medio de sus propios esfuerzos.

Esperamos que la lectura de este libro sea sólo el primer paso de un viaje personal de descubrimiento en esta religión mundial nueva y vital.

ESTE LIBRO PERTENECE A:

SCIENTOLOGY
UN NUEVO PUNTO DE VISTA SOBRE LA VIDA

SCIENTOLOGY

UN NUEVO PUNTO DE VISTA SOBRE LA VIDA

L. RONALD HUBBARD

new·era®
Publications International ApS

Una
Publicación
Hubbard®

NEW ERA® PUBLICATIONS
INTERNATIONAL APS
Store Kongensgade 53
1264 Copenhague K, Dinamarca

ISBN 978-87-7688-513-7

SPANISH CASTILIAN - A NEW SLANT ON LIFE

Observación Importante

Al leer este libro, asegúrate muy bien de no pasar nunca una palabra que no comprendas por completo. La única razón por la que una persona abandona un estudio, se siente confusa o se vuelve incapaz de aprender, es porque ha pasado una palabra que no comprendió.

La confusión o la incapacidad para captar o aprender viene DESPUÉS de una palabra que la persona no definió ni comprendió. Tal vez no sean sólo las palabras nuevas e inusuales las que tengas que consultar. Algunas palabras que se usan comúnmente, a menudo pueden estar definidas incorrectamente y así causar confusión.

Este dato acerca de no pasar una palabra sin definir es el hecho más importante en todo el tema del estudio. Cada tema que has comenzado y abandonado contenía palabras que no definiste.

Por lo tanto, al estudiar este libro asegúrate muy, muy bien de no pasar nunca una palabra que no comprendas totalmente. Si el material se vuelve confuso o parece que no puedes captarlo, justo antes habrá una palabra que no comprendiste. No sigas adelante, sino regresa a ANTES de que tuvieras dificultades, encuentra la palabra malentendida y defínela.

Glosario

Para facilitar la comprensión del lector, L. Ronald Hubbard dio instrucciones a los editores para que proporcionaran un glosario. Este se incluye en el Apéndice: *Glosario Editorial de Palabras, Términos y Frases.* Las palabras tienen a veces varios significados. El *Glosario Editorial* sólo contiene las definiciones de las palabras como se usan en este texto. Se pueden encontrar otras definiciones en diccionarios estándar del idioma y en diccionarios de Dianética y Scientology.

Si encuentras alguna otra palabra que no conoces, búscala en un buen diccionario.

Scientology: Un Nuevo Punto de Vista sobre la Vida

Índice

Introducción · 3

¿Es Posible Ser Feliz? · 7

Scientology: Una Perspectiva General

Integridad Personal · 19

Una Descripción de Scientology · 25

Cómo Estudiar Scientology · 33

La Búsqueda del Hombre en pos de su Alma · 47

Sobre la Mente y la Supervivencia

Sobre Nuestros Esfuerzos hacia la Inmortalidad · 57

Sobre Cómo Elevar Nuestro Nivel de Consciencia · 71

Sobre los Fundamentos de la Vida y el Vivir

Las Ocho Dinámicas · 83

El Triángulo de Afinidad, Realidad y Comunicación · 91

El Porqué · 99

Sobre el Trabajo y el Éxito

Cómo Manejar las Confusiones del Mundo del Trabajo Cotidiano · 113

El Hombre que Tiene Éxito · 127

Un Grupo Verdadero · 135

Sobre la Familia

Sobre el Matrimonio · 149

Cómo Vivir con los Niños · 157

Sobre Cómo Llevarse Bien con los Demás

Dos Reglas Para una Vida Feliz · 173

¿Qué es Grandeza? · 181

Sobre el Comportamiento Humano

La Personalidad Antisocial · 191

La Personalidad Social · 203

La Ley del Tercer Partido · 215

Sobre la Honestidad y la Ética

La Gente Honesta Tiene Derechos, También · 227

Ética, Justicia y las Dinámicas · 235

Para Concluir

La Verdadera Historia de Scientology · 259

Epílogo

Mi Filosofía · 271

Apéndice

Estudio Adicional · 281
Guía de los Materiales · 288
Direcciones · 290
Glosario Editorial
de Palabras, Términos y Frases . 295
Índice Temático · 341

Introducción

Scientology:
Un Nuevo Punto de Vista sobre la Vida

L. Ronald Hubbard

Scientology:
Un Nuevo Punto de Vista sobre la Vida

Introducción

¿Quién eres tú de todos modos? ¿De dónde vienes? ¿Qué te va a pasar? ¿Eres un producto del barro como se te ha dicho, que va a existir durante unos cuantos años y luego va a marchitarse y va a fertilizar la tierra de la que dijeron que provenías? ¿O eres algo mejor, algo más sutil?

¿Cuáles son tus metas? ¿Adónde vas? ¿Por qué estás aquí? ¿Qué *eres* tú? Scientology tiene respuestas a estas preguntas, buenas respuestas que son verdad, respuestas que funcionan para ti. Porque el tema de Scientology eres *tú*.

L. Ronald Hubbard

¿Es Posible Ser Feliz?

Scientology:
Un Nuevo Punto de Vista sobre la Vida

L. Ronald Hubbard

“La verdad del asunto es
que toda la felicidad
que jamás encontrarás
se halla en ti.”

SCIENTOLOGY:
UN NUEVO PUNTO DE VISTA SOBRE LA VIDA

¿ES POSIBLE SER FELIZ?

¿ES POSIBLE ser feliz?

Muchísima gente se pregunta si la felicidad siquiera existe en este mundo moderno y apresurado. Muy a menudo un individuo puede tener un millón de dólares, puede tener todo lo que su corazón aparentemente desea y aun así es desdichado. Tomemos el caso de alguien que ha trabajado toda su vida. Ha trabajado duro. Ha sacado adelante una gran familia. Ha anhelado el momento de su vida en que, por fin, pueda retirarse y ser feliz y estar contento y tener un montón de tiempo para hacer todas las cosas que quería hacer. Y luego le vemos después de que se ha jubilado y... ¿es feliz? No. Está ahí sentado pensando en los buenos tiempos, cuando trabajaba a destajo.

Nuestro principal problema en la vida es la felicidad.

El mundo hoy en día puede o no estar concebido para ser un mundo feliz. Cabe o no cabe la posibilidad de que seas feliz en este mundo. Y sin cmbargo, casi todos tenemos la meta de ser felices y estar alegres respecto a la existencia.

Y entonces, muy a menudo, miramos el mundo que nos rodea y decimos: "Bueno, nadie podría ser feliz en este lugar". Miramos los platos sucios en el fregadero, y el coche que necesita una mano de pintura, y el hecho de que necesitamos un nuevo calentador de gas, necesitamos un abrigo nuevo, necesitamos zapatos nuevos o simplemente nos gustaría tener zapatos mejores, y decimos: "Bueno, ¿cómo es *posible* que alguien pueda ser feliz, cuando en realidad no puede tener todo lo que quiere? Es incapaz de hacer todo lo que le gustaría hacer y, por lo tanto, este entorno no le *permite* a la persona ser tan feliz como podría ser".

Bueno, te diré algo curioso. Muchos filósofos han dicho esto muchas, muchas veces, pero la verdad del asunto es que toda la felicidad que jamás encontrarás se halla en *ti*.

Te acuerdas de cuando tenías quizá unos cinco años, y salías por la mañana y mirabas el día, y era un día realmente espléndido. Mirabas las flores y eran unas flores *muy* hermosas. Veinticinco años más tarde, te levantas por la mañana, echas un vistazo a las flores: están marchitas. El día *no es* un día feliz. Bueno, ¿qué ha cambiado? Tú sabes que son las mismas flores, es el mismo mundo. Algo debe de haber cambiado. Bueno, probablemente *fuiste tú*.

En realidad, un niño pequeño obtiene todo su placer en la vida de la gracia que él pone en la vida. Agita con encanto una mano mágica y hace realidad todo tipo de cosas interesantes en la sociedad. ¿Dónde hace esto? Va por ahí y mira a un poli. Aquí está este hombretón, fuerte como una bestia, que va por ahí montado en su corcel de acero. Hombre, ¡vaya si le gustaría a él ser un poli! ¡Vaya que sí, le encantaría ser un poli! Veinticinco años más tarde, ve a ese poli yendo por ahí, comprobando su velocímetro, y dice: "¡Estos malditos polis!".

Bueno, ¿qué ha cambiado aquí? ¿Ha cambiado el poli? No. Sólo la *actitud* hacia el poli. La actitud de uno hacia la vida supone la mayor de las diferencias en la vida de uno. Ya sabes, no tienes que estudiarte mil libros antiguos para descubrir ese hecho. Pero a veces hace falta volver a señalar que la vida no cambia tanto como *tú*.

Érase una vez, quizás, pensabas en estar casada y tener un bonito hogar y una bonita familia y todo sería simplemente perfecto. Y el marido llegaría a casa, ¿ves?, y pondrías la cena en la mesa, y todo el mundo estaría feliz al respecto. Y luego te casaste y quizás no salió bien del todo. De una forma u otra, él llega tarde a casa, ha tenido una discusión con el jefe y no se siente bien. No quiere ir al cine, y tampoco ve que tú tengas nada de trabajo que hacer, de todas maneras. Al fin y al cabo, te pasas el día en casa sentada sin hacer nada. Y tú sabes que él tampoco trabaja nada. Él desaparece de casa, se ha ido y vuelve tarde por la noche y tampoco ha hecho nada. Esto podría dar lugar a toda una discusión y, en realidad, los dos habéis trabajado muy duro.

Bueno, ¿qué hacemos en una situación así? ¿Rompemos el matrimonio así, sin más? ¿O le prendemos fuego a la casa? ¿O tiramos a los niños al cubo de la basura y nos vamos a casa de mamá? ¿O qué hacemos?

Bueno, hay muchas, muchas, muchas cosas que podríamos hacer, y la más mínima de ellas sería echar un vistazo al entorno. Sólo mirar alrededor y decir: "¿Dónde estoy? ¿Qué *estoy* haciendo *aquí?"*. Y entonces, una vez que hubieras descubierto dónde estabas, bueno, tratar de ver cómo podrías hacerlo un poco más habitable.

El día en que dejas de crear tu propio entorno, cuando dejas de crear tus propios alrededores, cuando dejas de agitar con encanto una mano mágica y dotar de magia y belleza a todo lo que te rodea, las cosas dejan de ser mágicas, las cosas dejan de ser bellas.

Bueno, puede que simplemente hayas descuidado en algún momento en los últimos años agitar esa mano mágica.

Otras personas buscan la felicidad de diversas formas. La buscan frenéticamente. Es como si fuera una especie de mecanismo que existe. Se fabrica. Puede que sea una maquinita, puede que sea algo que esté arrumbado en una alacena o puede que la felicidad esté a la vuelta de la esquina. Quizás esté en otro sitio. Ellos están buscando *algo*. Bueno, lo curioso de esto es que la única vez en que llegarán a encontrar algo es cuando ellas mismas lo pusieron ahí *en primer lugar*. Ahora, esto no parece muy verosímil, pero es muy cierto.

Esas personas que han llegado a sentirse desdichadas respecto a la vida, *son* desdichadas respecto a la vida única y exclusivamente porque han dejado de crear la vida. Aquí tenemos la única diferencia en un ser humano. Tenemos a ese ser humano que es desdichado, miserable y que no está saliendo adelante en la vida, que está enfermo, que no ve esperanza alguna. La vida está manejándole, dirigiéndole, cambiándole, moldeándole *a él*. Aquí tenemos a alguien que es feliz, que es alegre, que es fuerte, que encuentra que hay algo que vale la pena hacer en la vida. ¿Qué descubrimos en esta persona? Encontramos que él está creando la vida. Ahora, en realidad esta es la única diferencia: ¿estás tú creando la vida o está la vida creándote a ti?

Y cuando indagamos en esto, encontramos que la persona ha dejado de crear la vida porque ella misma ha decidido que la vida no se puede crear. Algún fracaso, algún pequeño fracaso –quizás no graduarse en la misma promoción, quizás aquel fracaso que tuvo que ver con no casarse con el primer hombre o mujer que apareció y parecía apropiado, quizás el fracaso de haber perdido un coche o algo sin importancia en la vida– inició esta actitud. Un día la persona miró a su alrededor y dijo: "Bueno, he perdido". Y después de eso la vida le crea a él; él ya no crea la vida.

Bueno, esta sería una situación espantosa si no se pudiera hacer algo al respecto. Pero el hecho es que ese es el problema más fácil de todos los problemas que afronta el Hombre: cambiarse a sí mismo y cambiar las actitudes de los que le rodean. Cambiar la actitud de otra persona es muy, muy fácil. Y aun así dependes por completo de las actitudes de otras personas. La actitud de alguien hacia ti puede determinar el éxito o el fracaso de tu vida. ¿Se te ha ocurrido alguna vez que tu hogar probablemente permanece unido debido a la actitud de la otra persona hacia ti? Así que aquí hay dos problemas. Tienes que cambiar dos actitudes: una, tu actitud hacia la otra persona; y dos, su actitud hacia ti.

Bueno, ¿hay formas de hacer estas cosas? Sí, afortunadamente, las hay.

Durante muchos, muchos, muchos siglos, el Hombre ha deseado saber cómo cambiar la mentalidad y condición de sí mismo y de sus semejantes. En realidad, el Hombre no había acumulado suficiente información para hacer esto hasta hace relativamente unos pocos años. Pero estamos viviendo en un mundo que se mueve muy rápidamente. Estamos viviendo en un mundo en el que la magia puede producirse en cualquier momento, y se ha producido.

El Hombre comprende ahora muchísimas cosas sobre el universo en que vive que nunca antes comprendió. Y entre las cosas que ahora comprende está la mente humana. La mente humana no es un problema sin resolver. La psicología del siglo XIX no resolvió el problema. Eso no significa que no se haya resuelto.

En los tiempos modernos, se están produciendo los milagros más interesantes por todo este país y por todos los demás continentes de la Tierra. ¿En qué consisten esos milagros? Consisten en gente que se pone bien. Consisten en gente que era desdichada y vuelve a ser feliz otra vez. Consisten en eliminar el peligro inherente a muchas de las enfermedades y a muchas de las condiciones del Hombre. Y sin embargo la respuesta ha estado con el Hombre todo el tiempo. El Hombre ha sido capaz de buscar y encontrar esta respuesta, pero quizás el Hombre mismo tenía que cambiar. Tal vez tuvo que llegar hasta los tiempos modernos para darse cuenta de que el universo físico no estaba compuesto de demonios y fantasmas, para dejar atrás sus supersticiones, para dejar atrás la ignorancia de sus antepasados. Tal vez tuvo que hacer de todo, incluso inventar la bomba atómica, antes de que pudiera encontrarse a sí mismo.

Bueno, ya ha dominado bastante bien el universo físico ahora. Para él, el universo físico, ahora, no es más que un peón: puede hacer muchas cosas con él. Y habiendo conquistado eso, puede ahora conquistarse a sí mismo. La verdad del asunto es que *se ha* conquistado a sí mismo.

Scientology surgió gracias al aumento del conocimiento del Hombre sobre la energía. El Hombre llegó a poseer más información sobre la energía de la que jamás había tenido antes en toda su historia. Y entre esta, llegó a poseer información sobre la energía que constituye su propia mente.

El cuerpo *es* un mecanismo de energía. Naturalmente, alguien que no pueda manejar la energía, no podrá manejar un cuerpo. Estaría cansado, estaría trastornado, sería desdichado. Cuando mira a su alrededor, no encuentra *sino* energía.

Si supiera mucho sobre la energía –en especial sobre su propia energía, la energía que le hizo pensar, la energía que *era* él mismo y el espacio que le rodeaba–, desde luego se conocería a sí mismo. Y esa, a fin de cuentas, ha sido su meta durante muchos miles de años: conocerse a sí mismo.

Scientology le ha dado la posibilidad de hacerlo.

L. Ronald Hubbard

Scientology: Una Perspectiva General

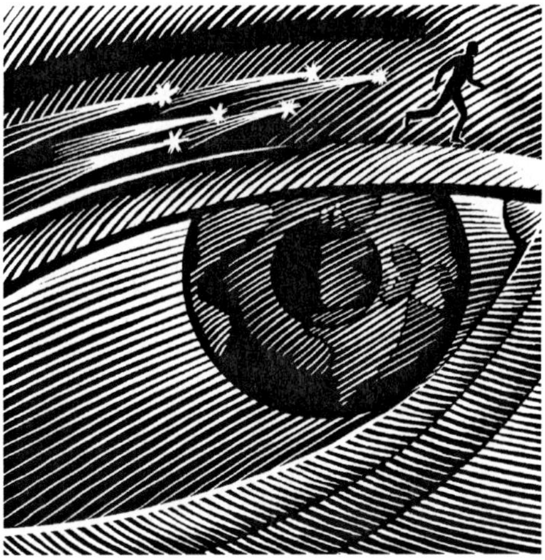

Integridad Personal • 19

Una Descripción de Scientology • 25

Cómo Estudiar Scientology • 33

La Búsqueda del Hombre en pos de su Alma • 47

Integridad Personal

Scientology:
Un Nuevo Punto de Vista sobre la Vida

L. Ronald Hubbard

“Lo que es verdad para ti es
lo que has observado tú mismo.
Y cuando pierdes eso,
lo has perdido todo.”

Integridad Personal

Lo que es verdad para ti es lo que has observado *tú mismo*. Y cuando pierdes eso, lo has perdido todo.

¿Qué es la integridad personal? La integridad personal *es saber lo que sabes*. Lo que sabes es lo que sabes y tener el valor de saber y decir lo que has observado. Y eso es integridad y no hay otra integridad.

Por supuesto, podemos hablar de honor, verdad, nobleza... de todas estas cosas como términos esotéricos. Pero creo que todas quedarían muy bien incluidas si lo que realmente observáramos fuera lo que observáramos, que tuviéramos cuidado de observar lo que estuviéramos observando, que siempre *observáramos* para *observar*. Y no necesariamente manteniendo una actitud escéptica, una actitud crítica o una mentalidad abierta; no necesariamente manteniendo estas cosas en absoluto, pero *sin duda* manteniendo *suficiente* integridad personal y *suficiente* fe personal y confianza en uno mismo y valor para quc podamos observar lo que observamos y decir lo que hemos observado.

Nada en Scientology es verdad para ti a menos que tú lo hayas observado y sea verdad de acuerdo a tu observación.

Eso es todo.

Una Descripción de Scientology

Scientology:
Un Nuevo Punto de Vista sobre la Vida

L. Ronald Hubbard

“El único agente verdaderamente

terapéutico en este universo

es el espíritu.

En Scientology esto se ha demostrado

con más rigurosidad y existe

con mayor certeza de la que disponen

las ciencias físicas o las matemáticas.”

Una Descripción de Scientology

Scientology es la ciencia de saber cómo saber respuestas. Es un sistema organizado de axiomas y procesos que resuelve los problemas de la existencia.

Un scientologist es un especialista en asuntos espirituales y humanos.

Scientology está organizada desde el punto de vista del espíritu y contiene una definición precisa y útil del espíritu, y traza el mapa y estudia y es capaz de cambiar el comportamiento del espíritu.

Scientology está formada en la tradición de diez mil años de filosofía religiosa y se considera a sí misma una culminación de las búsquedas que comenzaron con Los Vedas, el Tao, el budismo, el cristianismo y otras religiones. Scientology es una fe gnóstica en tanto que sabe que sabe. Esta es su característica distintiva frente a la mayoría de sus predecesores. Scientology puede demostrar que puede alcanzar las metas establecidas para el Hombre por todas las religiones, que son: sabiduría, buena salud e inmortalidad.

Por medios espirituales, pero medios que son tan precisos como las matemáticas, un cúmulo de malas condiciones de la vida pueden remediarse en Scientology. La enfermedad y la disfunción se pueden dividir en dos clases generales. En primer lugar, aquellas que resultan directamente de la actuación del espíritu sobre las redes de comunicación de la vida o del cuerpo, y aquellas ocasionadas por el trastorno de la estructura por causas puramente físicas. Como mejor se curan la desdicha, la incapacidad de curarse y la enfermedad psicosomática (que incluye como un 70 por ciento de las enfermedades del Hombre) es dirigiéndose directamente al espíritu humano. Como mejor se trata la enfermedad causada por bacterias reconocibles y por heridas en accidentes, es por medios físicos; y estas pertenecen claramente al ámbito de la medicina y no son el campo de Scientology, excepto que los accidentes y la enfermedad y las infecciones bacterianas son predeterminadas en casi todos los casos por disfunción y desasosiego espirituales, y las condiciones en los accidentes se ven definitivamente prolongadas por cualquier mal funcionamiento espiritual. Así tenemos el campo de la medicina ocupándose de la herida inmediata (asuntos quirúrgicos como el parto y la infección aguda, y cosas como contusiones y abrasiones que resultan de accidentes), así como la administración de fármacos y antibióticos para evitar el fallecimiento del paciente en una crisis. Este es el papel de la medicina.

Donde existe la predisposición para la enfermedad o para la herida, o donde la enfermedad o la herida están siendo prolongadas, o donde la desdicha y la preocupación causan trastorno mental o físico, o donde deseamos hacer prosperar y mejorar las comunicaciones o las relaciones sociales, estamos actuando, si somos eficientes, en el ámbito de Scientology. Pues como mejor se curan o se previenen o se remedian tales cosas es recurriendo inmediata y directamente al espíritu y a su acción y determinismo sobre el comportamiento del cuerpo.

El único agente verdaderamente terapéutico en este universo es el espíritu. En Scientology esto se ha demostrado con más rigurosidad y existe con mayor certeza de la que disponen las ciencias físicas o las matemáticas. Un scientologist *puede* hacer que un individuo esté bien y sea feliz y puede concederle inmortalidad personal, simplemente abordando al espíritu humano.

Durante más de diez mil años, el Hombre ha estado acumulando datos hacia esta meta. Pero hizo falta una amplia comprensión de las filosofías y de los procesos de Asia y una profunda instrucción en las ciencias físicas y matemáticas occidentales para conseguir la precisión que existe en Scientology cuando la practica adecuadamente un scientologist entrenado. Se podría decir que con Scientology hemos entrado en la Segunda Era de los Milagros.

Es un descubrimiento de Scientology –un descubrimiento capaz de superar las pruebas científicas más arduas– que las personas no son cuerpos, sino que son unidades vivas que manejan cuerpos. A la unidad viva la llamamos, en Scientology, thetán, habiéndose tomado de la letra griega *theta,* el símbolo matemático usado en Scientology para indicar la fuente de la vida y la vida en sí. El individuo, la persona, la verdadera identidad, es esta unidad viviente. Se ve modificada por la adición de un cuerpo. Y por la adición de un cuerpo, se la pone en un cierto unknowingness (falta de conocimiento con certeza) acerca de su propia condición. La misión de Scientology es elevar el knowingness (conocimiento con certeza) de este espíritu hasta tal punto que vuelva a saber lo que es y lo que está haciendo. Y en este estado el thetán puede poner en práctica directamente en su propio cuerpo o en su entorno o en los cuerpos de otros, la destreza curativa de la que él es capaz. Es el thetán el que construye y edifica, es el thetán el que da forma a las formas y organismos en sí.

Entre las facultades y potencialidades del thetán está la inmortalidad en un knowingness pleno de su propia identidad. La cantidad de tiempo que él ha pasado en la Tierra y la cantidad de muertes por las que ha pasado le han llevado a un estado de olvido acerca de quién ha sido él y dónde ha estado. Esta información se recupera en Scientology si el scientologist procesa específicamente hacia ella.

Cómo Estudiar Scientology

Scientology:
Un Nuevo Punto de Vista sobre la Vida

L. Ronald Hubbard

“No cometas la equivocación de criticar algo basándote en si coincide o no con las opiniones de algún otro. Lo que es pertinente es si coincide o no con tu propia opinión. ¿Está de acuerdo con lo que tú piensas?”

SCIENTOLOGY:
UN NUEVO PUNTO DE VISTA SOBRE LA VIDA

Cómo Estudiar Scientology

LO PRIMERO que un estudiante tiene que descubrir por sí mismo, y después reconocer, es que está tratando con herramientas de precisión. No es tarea de ningún otro obligarle a aceptar esta información. Todo el tema de Scientology, en lo que respecta al estudiante, es bueno o malo en proporción directa a su conocimiento de ello. Es cosa del estudiante descubrir lo precisas que son estas herramientas. Debería, antes de comenzar a discutir, criticar o intentar mejorar los datos que se le presentan, descubrir por sí mismo si los mecanismos de Scientology son o no son como se afirman, y si esta hace o no hace lo que se ha declarado que hace.

Debería tomar una decisión acerca de cada cosa que se le enseña: el procedimiento, las técnicas, los mecanismos y la teoría. Debería hacerse estas preguntas: ¿existe este dato? ¿Es cierto? ¿Funciona? ¿Producirá los mejores resultados posibles en el menor tiempo?

Hay una manera de contestar estas preguntas a su propia satisfacción: encontrar las respuestas él mismo. Estas son fundamentales y cada estudiante debería emprender el descubrirlas él mismo, elevando así a Scientology por encima de una categoría autoritaria. No es suficiente que un instructor se plante ante él y declare la existencia de estas. Todos y cada uno de los estudiantes tienen que determinar por sí mismos si las afirmaciones del instructor son verdaderas o no.

Hay dos maneras en que los hombres aceptan normalmente las cosas, ninguna de ellas muy buena: una es aceptar una declaración porque la Autoridad dice que es verdadera y se tiene que aceptar. Y la otra es por preponderancia de acuerdo entre otras personas.

La preponderancia de acuerdo es demasiado a menudo la prueba del gran público para la cordura o la demencia. Supón que alguien entrara en una habitación abarrotada y de repente señalara al techo y dijera: "¡Oh, mirad! ¡Hay una araña enorme de tres metros en el techo!". Todo el mundo miraría hacia arriba, pero nadie más vería la araña. Finalmente alguien se lo diría. "Oh, sí que la hay", declararía él, y se enfadaría mucho cuando encontrara que nadie estaba de acuerdo con él. Si siguiera manifestando su creencia en la existencia de la araña, muy pronto se encontraría a sí mismo internado.

La definición básica de *cordura*, en esta sociedad algo nebulosamente erudita, es si una persona está o no está de acuerdo con todas las demás. Es una manera muy chapucera de aceptar la evidencia, pero demasiado a menudo es el patrón de medición primario.

Y luego está la Regla de la Autoridad: ¿está de acuerdo el Dr. J. Gámez con tu proposición? ¿No? Entonces, por supuesto, no puede ser cierta. El Dr. Gámez es una autoridad eminente en ese campo".

Hubo una época en que un hombre llamado Galeno dominó el campo de la medicina. Otro hombre llamado Harvey trastornó el montaje de la cómoda posición de Galeno con una nueva teoría de la circulación sanguínea. Galeno había estado de acuerdo con la gente de su tiempo con respecto a las "mareas" de la sangre. No sabían nada sobre la actividad del corazón. Aceptaron todo lo que les habían enseñado y llevaron a cabo poca observación por sí mismos. Harvey trabajaba en la Real Academia de Medicina y descubrió por vivisección animal la verdadera función del corazón. Tuvo el suficiente buen criterio de guardar absoluto silencio acerca de sus hallazgos durante un tiempo. Leonardo da Vinci de alguna forma había descubierto o postulado lo mismo, pero él era un "artista loco" y nadie creería a un artista. Harvey era miembro del público en una obra de Shakespeare en la que el autor hacía la misma observación, pero de nuevo la sensación de que los artistas nunca aportan nada a la sociedad impidió que todo el mundo excepto Harvey considerara esa afirmación como algo más que ficción.

Finalmente, Harvey hizo su anuncio. Inmediatamente, gatos muertos, fruta podrida y trozos de jarras de vino fueron lanzados en su dirección. Levantó una gran conmoción en los círculos médicos y sociales hasta que al final, en un acto de desesperación, un médico hizo la histórica declaración: "¡Prefiero estar equivocado con Galeno que tener razón con Harvey!".

El Hombre habría logrado un progreso de exactamente cero si este hubiese sido siempre el único método de evaluar las pruebas. Pero regularmente, aunque de tarde en tarde, durante el progreso del Hombre, ha habido rebeldes que no estaban satisfechos con la preponderancia de opinión y que pusieron a prueba un hecho por sí mismos, observando y aceptando los datos de su observación, y luego poniéndolo a prueba otra vez.

Posiblemente el primer hombre que hizo un hacha de pedernal examinó un trozo de pedernal y decidió que la piedra irregular podía mellarse de cierta forma. Cuando descubrió que ese pedernal se mellaba fácilmente, debió de salir corriendo hacia su tribu y, entusiasmado, debió de tratar de enseñarle a los miembros de su tribu cómo hacer hachas de la forma que deseaban en lugar de pasarse meses buscando piedras que, de manera fortuita, tuvieran la forma adecuada. Lo más probable es que lo echaran del campamento a pedradas. Dejando volar la imaginación un poco más, no es difícil imaginar que finalmente se las arreglara para convencer a otro tipo de que su técnica funcionaba y que los dos ataran a un tercero con lianas y lo obligaran a observarles hacer un hacha de pedernal mellando una piedra en bruto. Por último, después de convencer a quince o veinte miembros de la tribu con una demostración contundente, los seguidores de la nueva técnica le declararon la guerra al resto de la tribu y, tras ganar, obligaron a la tribu a estar de acuerdo por decreto.

LA EVALUACIÓN DE LOS DATOS

El Hombre nunca ha sabido mucho sobre aquello de lo que su mente está llena principalmente: datos. ¿Qué son los datos? ¿Qué es la evaluación de los datos?

Durante todos estos años en los que el psicoanálisis ha enseñado sus principios a cada generación de médicos se usó el método autoritario, como se puede verificar leyendo algunos de los libros sobre el tema. En ellos se encuentra, interminablemente: "Freud dijo...". Lo realmente importante no es que "Freud dijo" algo, sino: "¿Son valiosos los datos? Y si son valiosos, ¿cómo de valiosos son?". Podrías decir que un dato es tan valioso como haya sido evaluado. Un dato se puede demostrar en proporción a si puede ser evaluado por otros datos y su magnitud está determinada por cuántos otros datos clarifica. Por tanto, el mayor dato posible sería el que clarificara e identificara todo conocimiento conocido por el Hombre en el universo material.

Desafortunadamente, sin embargo, no existe nada como un Dato Primario. Tiene que haber no un dato, sino dos datos, pues un dato no sirve para nada a menos que pueda ser evaluado. Además, tiene que haber un dato de magnitud similar con el que evaluar cualquier dato dado.

Los datos son *tus* datos sólo mientras *tú* los hayas evaluado. Son tus datos por Autoridad o son tus datos. Si son tus datos por Autoridad, alguien te los ha impuesto. Por supuesto, si le hicieras una pregunta a un hombre que pensaras que sabía lo que tenía entre manos y te diera su respuesta, ese dato no se te impondría. Pero si te alejaras de él creyendo de ahí en adelante que ese dato existía sin tomarte la molestia de investigar la respuesta por ti mismo –sin compararlo con el universo conocido–, no llegarías a terminar el ciclo de aprendizaje.

Mecánicamente, la cosa más incorrecta con respecto a la mente es, por supuesto, la turbulencia que contiene. Pero la sobrecarga de información en esta sociedad es la educación impuesta que al individuo nunca se le ha permitido comprobar. Literalmente, cuando te dicen que no aceptes la palabra de nadie como un dato absoluto, se te está pidiendo que rompas una pauta de conducta que te impusieron cuando eras niño. Tu instructor de Scientology podría haberte dicho lo que él encontró que era cierto e invitarte a que lo comprobaras por ti mismo. Pero a menos que lo hubieras comprobado, probablemente no tendrías los fundamentos de Scientology en mente lo bastante bien como para sentirte a gusto con el uso de cualquiera de las técnicas a tu disposición. Esa es la razón de que en Scientology se haga tanto hincapié en la teoría. El instructor te puede decir lo que él ha encontrado que es verdad y lo que otros han encontrado que es verdad, pero en ningún momento te debería pedir que lo aceptaras. Por favor déjame que te pida otra cosa: compruébalo por ti mismo y convéncete tú mismo de si existe o no como verdad. Y si encuentras que sí existe, te sentirás a gusto de ahí en adelante. De lo contrario, sin identificar ni siquiera por ti mismo, es probable que encuentres, abajo en el fondo de tu información y educación, una pregunta sin resolver que por sí sola minará tu capacidad de asimilar o practicar cualquier cosa del orden de una técnica. Tu mente no será tan ágil en el tema como debería ser.

Cualquier discrepancia que puedas tener con la teoría es algo que sólo tú puedes resolver. ¿Es correcta la teoría o no es correcta? Sólo tú puedes contestar a eso. Nadie puede contestar por ti. Te pueden decir lo que otros han logrado en forma de resultados y lo que otros han observado, pero no puedes llegar a estar verdaderamente educado hasta que no hayas alcanzado los resultados por ti mismo. En cuanto un hombre abre la boca y pregunta: "¿Dónde está la ratificación?", puedes estar seguro de que estás mirando a un hombre muy estúpido. Ese hombre está diciendo, brusca y abruptamente: "No puedo pensar por mí mismo. Necesito una Autoridad". ¿Dónde podría buscar ratificación alguna excepto en el universo físico y en su propia realidad subjetiva y objetiva?

UNA MIRADA A LAS CIENCIAS

Por desgracia, estamos rodeados de un mundo que se autodenomina un mundo de ciencia. Pero es un mundo que es, en realidad, un mundo de Autoridad. Cierto, lo que la ciencia es hoy día, está muy, muy avanzado con respecto al concepto hindú del mundo según el que un hemisferio descansaba sobre los lomos de siete elefantes que estaban sobre siete pilares que estaban sobre el lomo de una tortuga del fango bajo la cual había fango hasta el infinito.

La razón de que la ingeniería y la física hayan llegado a estar tan por delante de otras ciencias es el hecho de que plantean problemas que castigan al Hombre muy violentamente si no examina detenidamente el universo físico. Un ingeniero se enfrenta con el problema de perforar un túnel a través de una montaña para tender una línea férrea. Se ponen las vías que llegan hasta la montaña a ambos lados. Si juzga incorrectamente el espacio, las dos entradas del túnel no se encontrarían en el centro al mismo nivel. Sería tan evidente para todos los implicados que el ingeniero cometió un error, que pone el mayor cuidado en no cometer tal error. Él observa el universo físico no sólo hasta el punto de que el túnel deba coincidir en una fracción de centímetro, sino hasta el punto de que si juzgara incorrectamente el carácter de la roca que perfora, el túnel se derrumbaría: un incidente que se consideraría un suceso muy desgraciado y desafortunado para la construcción de ferrocarriles.

La biología se acerca más que otras a ser una ciencia, porque, en el campo de la biología, si alguien comete una equivocación demasiado grande acerca de un virus o algo así, el resultado inmediato puede ser dramático y aterrador. Supón que a un biólogo se le encarga la responsabilidad de inyectar plancton en un depósito de agua.

El plancton son "gérmenes" microscópicos que son muy útiles para el Hombre. Pero si, por una equivocación, el biólogo inyecta gérmenes tifoideos en el suministro de agua, habría un resultado inmediato y dramático.

Supón que a un biólogo se le encarga la tarea de producir un cultivo de levadura que, cuando se pusiera en la masa blanca del pan, tiñera el pan de marrón. Este hombre se enfrenta a la necesidad de crear una levadura que no sólo actúe como levadura, sino que sea también un tinte. Tiene que ocuparse del aspecto práctico del problema porque, después de que anuncie su éxito, está la "prueba de la levadura": ¿es el pan comestible? Y la "prueba del pan marrón": ¿es el pan marrón? Cualquiera podría hacer fácilmente la prueba y todo el mundo sabría rápidamente si el biólogo había tenido éxito o había fracasado.

A la política se la llama ciencia. Hay leyes naturales sobre la política. Se podrían desarrollar, si alguien quisiera de hecho aplicar una base científica a la investigación política.

En el campo de las humanidades, la ciencia ha ido completamente a la deriva. Sin cuestionarse, se han seguido principios autoritarios. Cualquier persona que acepte conocimiento sin cuestionarlo ni evaluarlo por sí misma está demostrando que ella misma está en apatía hacia esa esfera de conocimiento.

LOS FUNDAMENTOS

Cuando un hombre trata de erigir los planes de toda una vida o una profesión sobre datos que él mismo nunca ha evaluado, no tiene ninguna posibilidad de tener éxito.

Los fundamentos son muy, muy importantes, pero antes de nada uno tiene que aprender a pensar para estar absolutamente seguro de un fundamento. Pensar no es especialmente difícil de aprender. Consiste meramente en comparar un dato en particular con el universo físico tal y como se conoce y se observa.

Cuando hay una base autoritaria para tu educación, no estás verdaderamente educado. El Autoritarismo es poco más que una forma de hipnotismo. El aprendizaje se obliga bajo amenaza de alguna forma de castigo. A un estudiante se le atiborra de datos que no se han evaluado individualmente, igual que un taxidermista rellenaría a una serpiente al disecarla. Un estudiante así estará bien informado y bien educado de acuerdo a los estándares actuales. Pero desafortunadamente, no tendrá mucho éxito en la profesión que haya elegido.

Bajo una afirmación autoritaria subyace la indecisión. No permitas que tu educación descanse sobre las arenas movedizas de la indecisión.

Examina el tema de Scientology de manera muy crítica, no con la actitud con la que aprendiste cuando estabas en el colegio que tal y tal era verdad y como aprendiste eso primero, lo que se aprendió primero tiene precedencia.

No cometas la equivocación de criticar algo basándote en si coincide o no con las opiniones de algún otro. Lo que es pertinente es si coincide o no con *tu propia* opinión. ¿Está de acuerdo con lo que *tú* piensas?

Tómate el tiempo y el esfuerzo de hacer un completo examen de tu tema, introspectivamente y mediante observación. La manera difícil de hacerlo es sentarse y memorizar un millón de palabras: el método que emplean demasiados sistemas educativos en esta época. Mira a Scientology, estúdiala, cuestiónala y úsala, y habrás descubierto algo por ti mismo. Y al hacer eso, bien podrías descubrir mucho más. Las técnicas y las teorías son sumamente funcionales, ¡pero no son sumamente funcionales sólo porque nosotros lo digamos!

Así que el único consejo que puedo darte es que estudies Scientology por sí misma y la uses exactamente como se presenta; luego fórmate tus propias opiniones. Estúdiala con el propósito en mente de llegar a tus propias conclusiones con respecto a si los principios que has asimilado son correctos y funcionales. Compara lo que has aprendido con el universo conocido. Busca las razones detrás de una manifestación y postula la manera y dirección en que la manifestación es probable que proceda. No permitas que la autoridad de ninguna persona ni escuela de pensamiento cree una conclusión formada de antemano dentro de tu esfera de conocimiento.

Sólo con estos principios de educación en mente puedes llegar a ser un individuo educado verdaderamente.

La Búsqueda del Hombre en pos de su Alma

Scientology:
Un Nuevo Punto de Vista sobre la Vida

L. Ronald Hubbard

“Debo encarar el hecho de que hemos alcanzado ese punto de unión en que se encuentran la ciencia y la religión, y ahora debemos dejar de fingir que sólo nos ocupamos de metas materiales.”

SCIENTOLOGY:
UN NUEVO PUNTO DE VISTA SOBRE LA VIDA

LA BÚSQUEDA DEL HOMBRE EN POS DE SU ALMA

DURANTE LOS INCONTABLES milenios del pasado, el Hombre ha estado dedicado a una búsqueda.

Todos los pensadores de todos los tiempos han aportado a esta sus opiniones y consideraciones. Ningún científico, filósofo o líder ha dejado de comentar sobre ella. Miles de millones de personas han muerto debido a una u otra opinión sobre el tema de esta búsqueda. Y ninguna civilización, poderosa o humilde, en la antigüedad o en los tiempos modernos, ha perdurado sin batallar por ella.

El alma humana, tanto para el hombre civilizado como para el bárbaro, ha sido una fuente inagotable de interés, atención, odio o adoración.

Decir que he encontrado la respuesta a todos los enigmas del alma sería inexacto y presuntuoso. Desestimar lo que he llegado a saber y no darlo a conocer después de observar sus beneficios sería un pecado de omisión contra el Hombre.

Tras décadas de investigación y reflexión, y tras años de actividad pública en que he observado este material en acción y sus resultados, puedo anunciar que en el conocimiento que he desarrollado deben de encontrarse las respuestas a ese enigma, a esa incógnita, a ese problema: el alma humana. Pues en mis manos y en las de otros, he visto lo mejor del Hombre rehabilitarse.

Durante todo el tiempo desde que hice un *Clear* por primera vez, he estado, con cierta reticencia, mucho más allá de cualquier ámbito del conocimiento científico. Debo encarar el hecho de que hemos alcanzado ese punto de unión en que se encuentran la ciencia y la religión, y ahora debemos dejar de fingir que sólo nos ocupamos de metas materiales.

No podemos ocuparnos del ámbito del alma humana e ignorar este hecho. El Hombre se ha entregado a esta búsqueda desde hace demasiado tiempo como para que su feliz culminación se vea enturbiada por términos vagos y científicos.

La religión, no la ciencia, ha conducido esta búsqueda, esta guerra, a lo largo de los milenios. La ciencia no ha hecho más que devorar al Hombre con una ideología que niega el alma: un síntoma del fracaso de la ciencia en esa búsqueda.

No se puede traicionar ahora a los hombres de Dios que durante esos milenios del pasado intentaron sacar al Hombre de la oscuridad.

En Scientology, pertenecemos a las filas de los que buscan la verdad, no a la retaguardia de los fabricantes de bombas atómicas.

Sin embargo, la ciencia también ha desempeñado su papel en estos empeños. Y la física nuclear, sea cual sea el crimen que cometa contra el Hombre, aún puede ser redimida al haber sido de ayuda para encontrar para el Hombre el alma de la que la ciencia no había hecho otra cosa que privarle.

Ningún scientologist puede cerrar fácilmente los ojos a los resultados que él logra hoy en día ni dejar de ver que son superiores a las tecnologías materialistas que él utilizara en el pasado. Porque nosotros podemos saber, junto a todo lo demás que sabemos, que el alma humana, liberada, es el único agente terapéutico eficaz que poseemos.

Pero nuestras metas, sin importar los milagros que logremos en los cuerpos hoy en día, superan la salud física y hombres mejores.

Scientology es la ciencia de saber cómo saber. Nos ha enseñado que un hombre *es* su propia alma inmortal. Y no nos deja otra alternativa que anunciar al mundo, sin importar cómo este lo reciba, que la física nuclear y la religión se han dado la mano, y que nosotros, en Scientology, realizamos esos milagros que el Hombre ha anhelado a lo largo de toda su búsqueda.

El individuo podrá odiar a Dios o desdeñar a los sacerdotes. No puede ignorar, empero, la prueba de que él es su propia alma. Así pues, hemos resuelto nuestro enigma y encontrado que la solución es sencilla.

L. Ronald Hubbard

Sobre la Mente y la Supervivencia

Sobre Nuestros Esfuerzos hacia la Inmortalidad • 57

Sobre Cómo Elevar Nuestro Nivel de Consciencia • 71

Sobre Nuestros Esfuerzos hacia la Inmortalidad

Scientology:
Un Nuevo Punto de Vista sobre la Vida

L. Ronald Hubbard

“La vida es un esfuerzo interdependiente,
cooperativo. Todos y cada uno de los
organismos vivos tienen un papel
que desempeñar en la supervivencia
de otros organismos.”

Sobre Nuestros Esfuerzos hacia la Inmortalidad

El universo físico consta de cuatro elementos: *materia, energía, espacio* y *tiempo.*

Según la física nuclear, la materia está compuesta de energía, como electrones y protones. Y la energía y la materia existen en el espacio y el tiempo. Todo esto es en realidad muy sencillo. E incluso así, no necesitamos ahondar mucho en ello para comprender que el universo en el que vivimos está compuesto de cosas simples dispuestas y vueltas a disponer para crear muchas formas y manifestaciones.

La acera de hormigón, el aire, los granizados de limón, los cheques de la paga, los gatos, los reyes y los carboneros básicamente están todos compuestos de materia, energía, espacio y tiempo. Y cuando están vivos, contienen otro ingrediente: *vida.*

La vida es una energía de un tipo muy especial, que obedece a ciertas leyes diferentes de lo que normalmente consideramos energía (como la electricidad). Pero la vida es una energía y tiene ciertas propiedades peculiares.

La vida puede reunir y organizar materia y energía en el espacio y en el tiempo, y animarla. La vida toma algo de materia y energía y hace un organismo como una monocélula, un árbol, un oso polar o un hombre.

Entonces este organismo, todavía animado por la energía llamada vida, actúa más aún sobre la materia y la energía en el espacio y en el tiempo, y continúa organizando y animando materia y energía para formar nuevos objetos y formas.

Podría decirse que la vida está ocupada en una conquista del universo físico. Se ha dicho que el impulso primario de la vida es ¡LA SUPERVIVENCIA! Con el fin de lograr la supervivencia, la vida tiene que continuar y triunfar en su conquista del universo físico.

Cuando la vida o un ser vivo ya no continúa con esa conquista, deja de sobrevivir y sucumbe.

Tenemos aquí una acción gigantesca. La energía de la vida frente a la materia, la energía, el espacio y el tiempo. La vida frente al universo físico.

Aquí hay un enorme forcejeo. El universo físico caótico y desorganizado, capaz únicamente de ejercer fuerza, resistiendo la conquista de la vida, organizadora y persistente, capaz de razón.

La vida aprende las leyes del universo físico (materia, energía, espacio y tiempo) y luego vuelve esas leyes contra el universo físico para avanzar en la conquista de este.

El Hombre ha invertido mucho tiempo en aprender lo que ha podido del universo físico, como en las ciencias de la física y la química, pero todavía más importante, de la lucha diaria de la vida contra el universo. No creas que una monocélula no manifiesta un conocimiento de las reglas funcionales de la vida, porque sí lo hace. ¡Cuánto ingenio se requiere para organizar unas cuantas sustancias químicas con la luz del Sol para formar una unidad viva! El biólogo se queda boquiabierto ante el experto comportamiento de las células vivas más pequeñas.

Observa estas entidades intrincadas y cuidadosas, estas unidades microscópicas que son seres vivos, y ni él mismo puede creer que todo esto sea un accidente.

Hay vida, entonces, una energía vital que no es exactamente como la energía del universo físico. Y luego hay seres vivos.

El ser vivo o el organismo, como lo es un cuerpo humano *viviente,* consiste en vida *más* materia, energía, espacio y tiempo del universo físico. Un cuerpo *muerto* consiste en materia, energía, espacio y tiempo del universo físico, *menos* energía vital. La vida ha estado ahí, ha organizado y luego se ha retirado del organismo, operación que conocemos como el ciclo de concepción, nacimiento, crecimiento, deterioro y muerte.

Aunque hay respuestas en cuanto a dónde va la vida cuando se retira y qué hace entonces, no necesitamos examinar eso ahora. Lo importante para un organismo vivo es el hecho de que está tratando de sobrevivir, obedeciendo al entero empeño de toda vida; y que, para hacerlo, debe tener éxito en su conquista del universo físico.

Dicho sencillamente, la vida tiene que acumular primero suficiente materia y energía para hacer un organismo (como el cuerpo humano) y luego tiene que aliar al organismo con organismos amistosos y cooperativos (como otras personas) y tiene que continuar consiguiendo materia y energía adicional para comida, ropa y alojamiento con el fin de mantenerse. Además, para sobrevivir, tiene que hacer dos cosas específicas que, más allá de la necesidad de aliados, comida, ropa y alojamiento, tienen una importancia esencial.

La vida tiene que obtener placer.

La vida tiene que evitar el dolor.

La vida tiene un impulso activo que la aleja del dolor, que es antisupervivencia y destructivo, y es la muerte en sí. El dolor es una advertencia de no supervivencia o muerte potencial.

La vida tiene un impulso activo hacia el placer. El placer puede definirse como la acción dirigida hacia la obtención o el logro de la supervivencia. El placer óptimo es una infinitud de supervivencia o inmortalidad: una meta inalcanzable para el organismo físico en sí (aunque no para su vida), pero por la que el organismo lucha.

La felicidad, entonces, podría definirse como la superación de obstáculos hacia una meta deseable. Se encontrará que cualquier meta deseable, si se inspecciona cuidadosamente, es una meta de supervivencia.

Demasiado dolor obstaculiza al organismo en pos de la supervivencia.

Demasiados obstáculos entre el organismo y la supervivencia equivalen a no-supervivencia.

Así encontramos que la mente se ocupa de computar o imaginar formas y maneras de evitar el dolor y alcanzar el placer y poner en práctica las soluciones. Y esto es todo lo que hace la mente:

Percibe, plantea y resuelve problemas relacionados con la supervivencia del organismo, las generaciones futuras, el grupo, la vida y el universo físico, y pone en práctica las soluciones.

Si resuelve la mayoría de los problemas presentados, el organismo alcanza con ello un alto nivel de supervivencia. Si la mente del organismo fracasa en resolver la mayoría de los problemas, entonces el organismo fracasa.

La mente, entonces, tiene una clara relación con la supervivencia. Y con esto se quiere decir toda la mente, no sólo el cerebro. El cerebro es una estructura. Puede considerarse que la mente es todo el ser, mortal e inmortal, la personalidad específica del organismo y todos sus atributos.

De ahí que, si la propia mente está funcionando bien, si está resolviendo los problemas que debería resolver, y si está poniendo en práctica adecuadamente esas soluciones, la supervivencia del organismo está bien asegurada. Si la mente no está funcionando bien, la supervivencia del organismo se vuelve cuestionable y dudosa.

La propia mente, entonces, tiene que estar en excelente condición si uno quiere garantizar la mejor supervivencia posible para sí mismo, su familia, las generaciones futuras, su grupo y la vida.

La mente trata de garantizar y dirigir acciones de supervivencia. Busca la supervivencia, no sólo para el organismo (uno mismo), sino que también la busca para la familia, los hijos, las generaciones futuras y toda la vida. Así pues, se la puede embotar de manera selectiva. A una mente se la puede embotar con respecto a la supervivencia de uno mismo, y aun así estar viva en lo que se refiere a la supervivencia de generaciones futuras. Se la puede embotar con respecto a grupos, y sin embargo estar muy viva en cuanto a su responsabilidad hacia el organismo (uno mismo). Para funcionar bien, la mente no debe estar embotada en ninguna dirección.

Para funcionar bien, la mente tiene que concebirse capaz de manejar el universo físico de materia, energía, espacio y tiempo, dentro de las necesidades del organismo, la familia, las generaciones futuras y los grupos, así como de la vida.

La mente tiene que ser capaz de evitar dolor y encontrar placer para sí misma, las generaciones futuras, la familia y el grupo, al igual que para la vida en sí.

Cuando la mente fracasa en evitar dolor y encontrar placer, también fracasa el organismo, la familia, las generaciones futuras, el grupo y la vida.

El que un organismo de un grupo no logre resolver adecuadamente problemas de supervivencia es, en parte, un fracaso para todo el grupo. De ahí: "¡No mandes a buscar por quién doblan las campanas, doblan por ti!".

La vida es un esfuerzo interdependiente, cooperativo. Todos y cada uno de los organismos vivos tienen un papel que desempeñar en la supervivencia de otros organismos.

Cuando se trata de una mente pensante como la del Hombre, el organismo tiene que poder actuar independientemente para su propia supervivencia y la supervivencia de otros. Sin embargo, para poder lograr esas supervivencias, una mente ha de poder llevar a cabo soluciones que sean óptimas no sólo para uno mismo, sino para todas las otras cosas relacionadas con su supervivencia.

Así, la mente de un organismo tiene que llegar a acuerdos con las mentes de otros organismos para que todos puedan sobrevivir al nivel más alto posible.

Cuando una mente pierde su agudeza y se embota, empieza a calcular sus soluciones deficientemente. Empieza a estar confusa sobre sus metas. No está segura de lo que realmente intenta hacer. Complicará e inhibirá la supervivencia de otros organismos. Puede empezar, por ejemplo, a computar que ella debe sobrevivir como uno mismo y que sólo uno mismo es importante, y así descuidar la supervivencia de los demás. Esto es actividad antisupervivencia. Es altamente aberrada.

Una mente que empieza a "sobrevivir" sólo para uno mismo, y que empieza a disminuir y controlar con fuerza a otros organismos a su alrededor, lleva ya más de medio camino hacia su propia muerte. Es una mente que está menos que medio viva. Tiene menos de la mitad de su verdadero potencial. Su percepción del universo físico es deficiente. No se da cuenta de que depende para la supervivencia de la cooperación con otros. Ha perdido su misión de supervivencia. Esta mente ya va rumbo directo hacia la muerte, ha pasado su punto más alto y realmente realizará acciones personales que conducen a su propia muerte.

La vida, la amplia totalidad de la vida, tiene un uso para la muerte del organismo. Cuando un organismo ya no puede continuar bien, el plan de la vida es matarlo e invertir de nuevo en un organismo nuevo.

La muerte es la acción de la vida de deshacerse de un organismo obsoleto e indeseado para que puedan nacer y florecer nuevos organismos.

La vida en sí no muere. Sólo muere el organismo físico. Ni siquiera, al parecer, muere una personalidad. La muerte, entonces, en verdad, es un concepto limitado a la muerte de la parte física del organismo. La vida y la personalidad, al parecer, continúan. La parte física del organismo cesa de funcionar. Y eso es la muerte.

Cuando un organismo alcanza un punto en que sólo es consciente a medias, en que sólo percibe la mitad de bien de lo que debería, en que está funcionando sólo la mitad de bien de lo que debería funcionar, comienza la muerte. El organismo, a partir de entonces, tomará medidas para apresurar la muerte. Esto lo hace "inconscientemente". Pero en su estado aberrado, una mente así también llevará la muerte a otros organismos. Así pues, un organismo medio consciente es una amenaza para los demás. Aquí se encuentra el propenso a los accidentes, el fascista, la persona que trata de dominar, la persona egoísta y egocéntrica. Aquí tenemos un organismo que ya va rumbo de salida.

Cuando un organismo alcanza un punto en que sólo está un tercio vivo, un tercio consciente, está percibiendo sólo un tercio de lo que podría. La vida apresura aún más la muerte de este organismo y de los que le rodean. Aquí está el suicida; aquí está la persona que está continuamente enferma, la que se niega a comer.

Los organismos que van rumbo hacia la muerte a veces necesitan años y años para morir. Pues el organismo experimenta resurgimientos y todavía tiene algún pequeño deseo de continuar viviendo. Y otros organismos lc ayudan a vivir. Es arrastrado por la marea de la vida aun cuando su dirección individual es hacia la muerte: la muerte para los demás, la muerte para sí y la muerte para el universo físico que lo rodea.

La sociedad, cuya mayoría está empeñada en la supervivencia, no reconoce o se niega a reconocer la muerte o el impulso de los organismos hacia ella. La sociedad promulga leyes contra el asesinato y el suicidio. La sociedad proporciona hospitales. La sociedad carga esa gente sobre sus espaldas. Y la sociedad no quiere saber nada de la eutanasia u "homicidio por compasión".

Los organismos que han rebasado el punto intermedio adoptarán medidas y medios extraordinarios para causar la muerte de los demás, de las cosas y de sí mismos. Aquí tenemos a los hitlers, a los criminales, al destructivamente neurótico.

Dale a una persona que haya rebasado este punto un coche para que lo conduzca y el coche posiblemente se vea implicado en un accidente. Dale dinero y el dinero se destinará a comprar cosas que no ayudan a la supervivencia.

Pero no debemos poner énfasis en lo dramático y olvidar lo importante como hacen los periódicos. Las acciones e impulsos hacia la muerte resultan perceptibles únicamente cuando son muy dramáticos. Sin embargo, son más peligrosos en sus formas no dramáticas.

Una persona que ha rebasado el punto intermedio acarrea la muerte a pequeña escala a cosas y personas en todo momento. Una casa que se deja sucia, citas que no se cumplen, ropa que no se cuida, chismes maliciosos, críticas mordaces hacia los demás "por su propio bien"; todas estas cosas son perturbaciones que acarrean fracaso, y demasiados fracasos acarrean muerte.

Y no se debería suponer que con "punto intermedio" se quiera decir a medio camino en la vida. Significa estar medio consciente, medio vivo, medio (o menos) perceptivo y racional. A un niño le pueden suprimir hasta este nivel sus padres y la escuela. Y, de hecho, los niños caen muy habitualmente por debajo del punto intermedio, tal es la derrota que sufren en su entorno y en su contienda con la vida. La edad no es un criterio. Pero la salud física sí lo es.

La manifestación más segura de que alguien ha rebasado el punto intermedio es su estado físico. Los que están crónicamente enfermos ya lo han rebasado.

Si uno va a tener una sociedad segura, entonces, si uno va a liberar a la sociedad de sus factores de muerte, uno tiene que tener algún medio ya sea para destruir a los que acarrean la muerte a la sociedad –los hitlers, los dementes, los criminales– o bien tiene que tener algún medio de salvar a esas personas y devolverlas a un estado de plena consciencia.

La consciencia plena significaría pleno reconocimiento de las responsabilidades propias, de su propia relación con los demás, del cuidado de uno mismo y de la sociedad.

¿Cómo puede lograrse una cosa así? Si pudieras lograrlo, podrías elevar un orden social a alturas que hasta el momento han sido inalcanzables. Podrías vaciar las prisiones y los manicomios. Podrías crear un mundo demasiado cuerdo para la guerra. Y se podría poner bien a la gente que nunca había tenido medios para ello anteriormente. Y podría hacerse feliz a la gente que nunca antes había sabido lo que era la felicidad. Podrías elevar la buena voluntad y la eficiencia de todos los hombres y de todos los órdenes sociales, si pudieras restaurar la vitalidad de esa gente.

Para saber cómo se puede restaurar, uno tiene que saber cómo se reducen la consciencia, la vitalidad y las ganas de vivir.

Sobre Cómo Elevar Nuestro Nivel de Consciencia

Scientology:
Un Nuevo Punto de Vista sobre la Vida

L. Ronald Hubbard

“La vitalidad del vivir, de buscar niveles

más elevados de supervivencia,

es la vida en sí.”

SOBRE CÓMO ELEVAR NUESTRO NIVEL DE CONSCIENCIA

UN ORGANISMO SE VE SUPRIMIDO hacia la muerte por el dolor acumulado.

El dolor que llega en un gran choque arrollador produce muerte inmediata.

El dolor en pequeñas dosis a lo largo de una vida suprime gradualmente al organismo hacia la muerte.

¿Qué es el dolor?

El dolor es una advertencia de pérdida. Es un sistema automático de alarma incorporado en los organismos vivos que informa al organismo de que alguna parte de él o su totalidad está bajo tensión y que al organismo más le vale actuar o morirá.

La señal del dolor significa que el organismo está en la proximidad de una fuerza o de un objeto destructivo. Ignorar el dolor es morir. El dolor es el látigo que hace que el organismo se retire de estufas calientes, temperaturas bajo cero. El dolor es la amenaza de no-supervivencia, el castigo por errores cometidos al tratar de sobrevivir.

Y el dolor siempre es pérdida. Un dedo quemado significa que el cuerpo ha perdido las células en la superficie de ese dedo. Están muertas. Un golpe en la cabeza significa la muerte de células del cuero cabelludo y de otras en esa zona. El organismo en conjunto es advertido así de la proximidad de una fuente de muerte y trata entonces de retirarse de ahí.

La pérdida de un ser amado es también una pérdida de supervivencia. La pérdida de una posesión es también pérdida de potencial de supervivencia. Uno entonces confunde el dolor físico y la pérdida de organismos u objetos de supervivencia. Y así existe esa cosa llamada "dolor mental".

Pero la vida, en toda su contienda con el universo físico, no tiene ninguna paciencia con el fracaso. Un organismo que es tan insensato como para permitir que lo golpeen demasiado fuerte y así verse sumido en la inconsciencia, permanece cercano al objeto que ha propinado el dolor. Si fracasa de forma tan marcada en sobrevivir, se le considera que es antisupervivencia.

La inconsciencia experimentada como resultado de un golpe o una enfermedad es una imagen rápida de lo que sucede a lo largo de una vida.

¿Hay alguna diferencia, exceptuando el tiempo, entre estas dos cosas?

> Un golpe que resulta en inconsciencia que resulta en muerte.
>
> Los golpes acumulados a lo largo de una vida que resultan en una disminución gradual de la consciencia, que resulta finalmente en la muerte.

Una es más lenta que la otra.

Uno de los descubrimientos básicos fue que la inconsciencia y todo el dolor que va con ella se almacenaban en una parte de la mente y que este dolor e inconsciencia se acumulaban hasta causar que el organismo comenzara a morir.

Otro descubrimiento fue que este dolor se podía anular o borrar y con ello devolver una consciencia plena y una rehabilitación hacia la supervivencia.

En otras palabras, se hizo posible cancelar la inconsciencia y el dolor acumulados a lo largo de los años y restaurar la salud y la vitalidad de un organismo.

El dolor físico y la pérdida acumulados producen una reducción de la consciencia, una reducción de la salud física y una reducción de las ganas de vivir hasta un punto en que el organismo busca activa, si bien a menudo solapadamente, la muerte.

Borra o anula el dolor físico, las pérdidas de una vida, y la vitalidad retorna.

La vitalidad del vivir, de buscar niveles más elevados de supervivencia, es la vida en sí.

Se encontró que el cuerpo humano es sumamente capaz de repararse a sí mismo cuando se cancelaban las memorias de dolor almacenadas. Además, se descubrió que mientras el dolor almacenado permaneciera ahí, la atención médica de las llamadas afecciones psicosomáticas, como la artritis, el reumatismo, la dermatitis y miles más, no podía lograr resultados permanentes. La psicoterapia, al desconocer el almacenamiento del dolor y sus efectos, descubrió hace mucho tiempo que se podía eliminar una enfermedad de un paciente, sólo para que inmediatamente apareciera otra. Y la psicoterapia se volvió una escuela derrotista porque no podía hacer nada permanente por los aberrados ni los enfermos, aun cuando podía hacer alguna cosilla por aliviarlos. Por consiguiente, se pusieron en duda *todos* los esfuerzos por revitalizar y sanar a los hombres, porque la razón de que fueran ineficientes y estuvieran enfermos no se había descubierto y demostrado.

Con estos nuevos descubrimientos, se hizo posible erradicar la aberración y la enfermedad, porque se hizo posible anular o erradicar el dolor acumulado en los bancos de almacenaje de dolor del cuerpo sin aplicar más dolor, como en la cirugía.

La consciencia, entonces, depende de la ausencia, anulación o erradicación de memorias de dolor físico, porque la inconsciencia es parte de ese dolor: es uno de sus síntomas.

La artritis de la rodilla, por ejemplo, es la acumulación de todas las lesiones en la rodilla que hubo en el pasado. El cuerpo confunde el tiempo y el entorno con el tiempo y el entorno en que la rodilla se lesionó realmente y así mantiene ahí el dolor. Los fluidos del cuerpo evitan la zona del dolor. De ahí, un depósito llamado artritis. La prueba de esto es que cuando se localizan y descargan las lesiones de la rodilla que hubo en el pasado, la artritis cesa, no toma su lugar ninguna otra lesión y la persona nunca más tiene artritis en la rodilla. Y esto sucede en diez casos de diez; exceptuando los casos en que la edad y el deterioro físico están tan avanzados hacia la muerte que ya se ha rebasado el punto sin retorno.

Pongamos un corazón en mal estado. La persona siente dolor en el corazón. Puede tomar medicinas o hacer vudú u otra dieta y seguir teniendo un corazón en mal estado. Encuentra y erradica o anula una verdadera lesión física del corazón, y este deja de doler y se pone bien.

Nada es más fácil que demostrar estos principios. Un buen auditor (practicante de Scientology) puede hacerse cargo de una señora de treinta y ocho años, hecha polvo, hundida en el pesar, eliminar todos sus períodos pasados de dolor físico y mental y tener en sus manos a alguien que parece tener veinticinco años; y una veinticincoañera radiante y alegre además.

Claro que es increíble. Pero también lo es una bomba atómica, unos gramitos de plutonio que pueden borrar toda una ciudad del mapa.

Una vez que conoces los principios básicos de la vida y cómo actúa como energía, se les puede devolver la vida a los enfermos, a los debilitados, a los suicidas en potencia.

Y más importante que tratar a los muy enfermos, en el plano mental o físico, uno puede interrumpir la espiral descendente de un hombre que todavía está alerta y bien, de forma que a partir de entonces no se ponga enfermo así. Y uno puede tomar a la así llamada persona normal y hacer que su estado de ser suba hasta niveles de esplendor y éxito que hasta ahora no habían sido posibles.

Restaura la consciencia plena de un individuo y restauras su potencial pleno de vida.

Y esto se puede hacer ahora.

L. Ronald Hubbard

Sobre los Fundamentos de la Vida y el Vivir

Las Ocho Dinámicas • 83

El Triángulo de Afinidad, Realidad y Comunicación • 91

El Porqué • 99

Las
Ocho Dinámicas

Scientology:
Un Nuevo Punto de Vista sobre la Vida

L. Ronald Hubbard

"Al examinar la confusión que es la vida o la existencia para la mayoría de las personas, se pueden descubrir ocho divisiones principales."

Scientology:
Un Nuevo Punto de Vista sobre la Vida

Las Ocho Dinámicas

Al examinar la confusión que es la vida o la existencia para la mayoría de las personas, se pueden descubrir ocho divisiones principales.

Podría decirse que existen ocho impulsos (empujes, ímpetus) en la vida.

A estos los llamamos *dinámicas*.

Son motivos o motivaciones.

Los llamamos *las ocho dinámicas*.

Aquí no se piensa ni se afirma que ninguna de estas ocho dinámicas sea más importante que las demás. Aunque son categorías (divisiones) del amplio juego de la vida, no son forzosamente iguales entre sí. Se verá, entre los individuos, que cada persona pone más énfasis en una de las dinámicas que en las demás, o puede poner más énfasis en que una combinación de dinámicas sea más importante que otras combinaciones.

El propósito de establecer esta división es aumentar la comprensión de la vida distribuyéndola en compartimentos. Una vez subdividida la existencia de esta forma, se puede inspeccionar cada compartimento (como tal y por sí mismo) en su relación con los demás compartimentos de la vida.

Para resolver un rompecabezas, es necesario empezar por coger las piezas de color y tipo similares y colocarlas en grupos. Al estudiar un tema, es necesario avanzar de una manera ordenada.

Para fomentar este orden, es necesario adoptar (para nuestros fines) estos ocho compartimentos arbitrarios de la vida.

La Primera Dinámica es el impulso hacia la existencia como uno mismo. Aquí tenemos la individualidad expresada plenamente. A esta se la puede llamar la *Dinámica de Uno Mismo.*

La Segunda Dinámica es el impulso hacia la existencia como actividad sexual. Esta dinámica tiene en realidad dos divisiones. La Segunda Dinámica (a) es el acto sexual en sí. Y la Segunda Dinámica (b) es la unidad familiar, incluyendo la crianza de los hijos. A esta se la puede llamar la *Dinámica del Sexo.*

La Tercera Dinámica es el impulso hacia la existencia en grupos de individuos. Cualquier grupo, o parte de una clase completa, podría considerarse una parte de la Tercera Dinámica. La escuela, la sociedad, la ciudad y la nación son cada una de ellas *parte* de la Tercera Dinámica, y cada una *es* una Tercera Dinámica. A esta se la puede llamar la *Dinámica de Grupo.*

La Cuarta Dinámica es el impulso hacia la existencia como Humanidad o de la Humanidad. Mientras que una raza podría considerarse una Tercera Dinámica, a todas las razas se las consideraría la Cuarta Dinámica. A esta se la puede llamar la *Dinámica de la Humanidad.*

> *La Quinta Dinámica* es el impulso hacia la existencia del reino animal. Esto incluye a todas las criaturas vivas, ya sean vegetales o animales: los peces del mar, las bestias del campo o del bosque, la hierba, los árboles, las flores o cualquier cosa que esté animada directa e íntimamente por la *vida.* A esta se la puede llamar la *Dinámica Animal.*
>
> *La Sexta Dinámica* es el impulso hacia la existencia como el universo físico. El universo físico se compone de Materia, Energía, Espacio y Tiempo. En Scientology tomamos la primera letra de cada una de estas palabras [en inglés, Espacio es *Space]* y creamos una palabra: MEST. A esta se la puede llamar la *Dinámica del Universo.*
>
> *La Séptima Dinámica* es el impulso hacia la existencia como espíritus o de los espíritus. Todo lo espiritual, con o sin identidad, entraría en el apartado de la Séptima Dinámica. A esta se la puede llamar la *Dinámica Espiritual.*
>
> *La Octava Dinámica* es el impulso hacia la existencia como infinito. También se la identifica como el Ser Supremo. Se llama la Octava Dinámica porque el símbolo del infinito, ∞, en posición vertical es el número 8. A esta se la puede llamar la *Dinámica del Infinito* o *de Dios.*

Los scientologists normalmente las llaman por su número.

Otra manifestación de estas dinámicas es que como mejor se las podría representar es como una serie de círculos concéntricos, donde la Primera Dinámica sería el centro, y cada nueva dinámica sería, sucesivamente, un círculo alrededor de él.

La característica básica del individuo incluye su capacidad para expandirse así hacia las otras dinámicas.

Como ejemplo del uso de estas dinámicas, nos damos cuenta de que un bebé, al nacer, no percibe más allá de la Primera Dinámica.

Pero conforme el niño crece y se amplían sus intereses, puede verse que el niño abarca otras dinámicas.

Como un ejemplo más sobre su uso, una persona que es incapaz de funcionar en la Tercera Dinámica es, de inmediato, incapaz de formar parte de un equipo, y podría decirse entonces que es incapaz de llevar una existencia social.

Como comentario adicional sobre las ocho dinámicas, ninguna de estas dinámicas de la uno a la siete es más importante que ninguna de las otras en lo referente a orientar al individuo.

Las capacidades y deficiencias de los individuos pueden comprenderse examinando su participación en las diversas dinámicas.

El Triángulo de Afinidad, Realidad y Comunicación

Scientology:
Un Nuevo Punto de Vista sobre la Vida

L. Ronald Hubbard

"El triángulo de A-R-C es la piedra angular de las asociaciones en la vida. Este triángulo es el denominador común de todas las actividades de la vida."

SCIENTOLOGY:
UN NUEVO PUNTO DE VISTA SOBRE LA VIDA

El Triángulo de Afinidad, Realidad y Comunicación

HAY UN TRIÁNGULO de considerable importancia en Scientology, y la capacidad de usarlo nos proporciona una comprensión mucho mayor de la vida.

El *triángulo de A-R-C* es la piedra angular de las asociaciones en la vida. Este triángulo es el denominador común de todas las actividades de la vida.

El primer vértice del triángulo se llama *afinidad.*

La definición básica de afinidad es "la consideración de distancia, ya sea buena o mala". La función más elemental de la afinidad absoluta sería la capacidad de ocupar el mismo espacio que alguna otra cosa.

La palabra afinidad se emplea aquí para indicar "amor, agrado o cualquier otra actitud emocional". En Scientology, se concibe que la afinidad es algo con muchas facetas. La afinidad es una cualidad variable. La palabra afinidad se usa aquí en el sentido general de "nivel de agrado".

En el apartado de afinidad tenemos los diversos tonos emocionales, dispuestos del más alto al más bajo, y estos son en parte:

Serenidad	(el nivel más alto)
Entusiasmo	↓
Conservadurismo	(conforme descendemos hacia las afinidades más bajas)
Aburrimiento	
Antagonismo	
Enojo	
Hostilidad Encubierta	
Miedo	
Pesar	
Apatía	↓

(A esto, en Scientology, se le llama la *Escala Tonal)*.

Por debajo de Apatía, la afinidad pasa a adoptar estados sólidos, como la materia. La afinidad se concibe que está compuesta primero de pensamiento, luego de emoción que contiene partículas de energía, y después como un sólido.

El segundo vértice del triángulo es la *realidad*.

La realidad podría definirse como "lo que parece ser". La realidad es, básicamente, acuerdo. Lo que estamos de acuerdo en que es real, es real.

El tercer vértice del triángulo es la *comunicación*.

Para comprender la composición de las relaciones humanas en este universo, la comunicación es más importante que los otros dos vértices del triángulo. La comunicación es el solvente de todas las cosas (disuelve todas las cosas).

La interrelación en el triángulo resulta evidente de inmediato al preguntar: "¿Alguna vez has intentado hablar con un hombre enojado?". Sin un alto nivel de agrado y sin cierta base de acuerdo, no hay *comunicación*. Sin comunicación y cierta base de respuesta emocional, no puede haber *realidad*. Sin cierta base para el acuerdo y sin comunicación, no puede haber *afinidad*. Por lo tanto, a estas tres cosas las llamamos *triángulo*. A menos que tengamos dos vértices de un triángulo, no puede existir un tercer vértice. Si uno desea cualquier vértice del triángulo, se deben incluir los otros dos.

Se concibe que el triángulo es muy espacioso en el nivel de Serenidad, y está totalmente condensado en el nivel de materia. Por lo tanto, para representar una escala que se pueda usar, dibujaríamos un gran triángulo en la parte superior de la escala y triángulos cada vez más pequeños, reduciéndose hasta convertirse en un punto en la parte más baja de la escala.

La Afinidad, la Realidad y la Comunicación son la base de la Escala Tonal de Scientology que proporciona una predicción del comportamiento humano.

Como ya se ha indicado, el triángulo no es equilátero (todos los lados iguales). La afinidad y la realidad son mucho menos importantes que la comunicación. Podría decirse que el triángulo comienza con la comunicación, la cual da origen a la afinidad y la realidad.

A-R-C son *comprensión*.

Para mantener una comunicación intensa y eficiente con alguien, debe haber alguna base para el acuerdo, debe haber cierto agrado por la persona, y entonces puede existir comunicación. Puede verse, entonces, que el mero "hablar" y "escribir" al azar, sin conocimiento de esto, no sería necesariamente comunicación. La comunicación es esencialmente "algo que se envía y que se recibe". Tanto la intención de enviar como la intención de recibir deben estar presentes, en cierto grado, antes de que pueda tener lugar una auténtica comunicación. Por lo tanto, uno podría tener condiciones que parecieran ser comunicaciones que no lo fueran.

El Triángulo de A-R-C, original de Scientology (al igual que todos estos conceptos), una vez comprendido, es un instrumento o arma sumamente útil en las relaciones humanas. Por ejemplo: entre las leyes del Triángulo de A-R-C, para que una comunicación se reciba debe aproximarse al nivel de afinidad de la persona a quien va dirigida. A medida que las personas descienden por la Escala Tonal, resulta más y más difícil comunicarse con ellas, y las cosas con las que estarán de acuerdo se hacen más y más sólidas. Así, tenemos conversaciones amistosas en lo alto de la escala y guerra en la parte más baja. Cuando el nivel de afinidad es odio, el acuerdo es materia sólida, y la comunicación… *balas*.

R
A
C

El Porqué

Scientology:
Un Nuevo Punto de Vista sobre la Vida

L. Ronald Hubbard

“Aunque el Hombre continuamente usa 'iLibertad!' como grito de guerra, sólo consigue instaurar un mayor atrapamiento para sí mismo. La razón de esto es muy sencilla.”

SCIENTOLOGY:
UN NUEVO PUNTO DE VISTA SOBRE LA VIDA

EL PORQUÉ

COMO MEJOR SE PUEDE comprender la vida es comparándola con un *juego*.

Puesto que ocupamos una posición exterior respecto a un gran número de juegos, podemos observarlos con imparcialidad. Si estuviéramos ocupando una posición exterior respecto a la vida, en lugar de estar implicados e inmersos en vivirla, esta nos parecería muy similar a como nos parecen los juegos desde nuestra privilegiada posición actual.

A pesar de la cantidad de sufrimiento, dolor, desdicha, aflicción y tribulaciones que puede haber en la vida, la razón de existir es la misma que uno tiene para jugar un juego: interés, competición, actividad y posesión. La verdad de esta afirmación se establece mediante la observación de los elementos de los juegos y aplicando después estos elementos a la vida en sí. Cuando hacemos esto, descubrimos que no falta nada en el panorama de la vida.

Con juego queremos decir "competición entre una persona y otra, o entre un equipo y otro". Cuando decimos juegos, queremos decir juegos como el béisbol, el polo, el ajedrez o cualquier otro pasatiempo de este tipo.

En algún momento puede haberte chocado que los hombres se arriesgaran a lesionarse en el campo de juego, tan sólo por "diversión". Así que podría chocarte que la gente siga viviendo o se meta en el "juego de la vida", exponiéndose a toda la aflicción, la agonía y el dolor, sólo por tener "algo que hacer". Evidentemente, no existe peor maldición que la inactividad total. Por supuesto, existe la condición en la que una persona continúa jugando un juego que ya no le interesa.

Si tan sólo miras a tu alrededor en la sala y descartas los objetos que no te interesan, descubrirás algo notable. En poco tiempo encontrarás que no hay nada en la sala que no te interese. Todo te interesa. Sin embargo, el desinterés en sí es uno de los mecanismos del juego. Para ocultar algo, sólo es necesario hacer que todos se desinteresen del lugar donde está oculto el objeto. El desinterés no es un resultado inmediato de un interés que se ha desgastado. El desinterés es un bien en sí mismo. Es palpable. Existe.

Estudiando los elementos de los juegos, nos encontramos en posesión de los elementos de la vida.

La vida es un juego.

Un juego consiste en *libertad, barreras* y *propósitos.*

Este es un hecho científico, no meramente una observación.

Existe libertad entre las barreras. Una totalidad de barreras y una totalidad de libertad, por igual, son "condiciones de no-juego". Ambas son igualmente crueles. Ambas carecen igualmente de propósito.

Los grandes movimientos revolucionarios fracasan. Prometen libertad sin límite. Ese es el camino hacia el fracaso. Sólo los visionarios estúpidos entonan la salmodia de la libertad sin fin. Sólo el temeroso y el ignorante hablan de barreras ilimitadas e insisten en ellas.

Cuando la relación entre la libertad y las barreras se desequilibra demasiado, el resultado es infelicidad.

La "libertad de" está muy bien sólo mientras haya un lugar *hacia* el que ser libre. Un deseo interminable de "libertad de" es una trampa perfecta, un miedo a todas las cosas.

Las barreras están compuestas de ideas, espacio, energía, masas y tiempo que inhiben (limitan). La libertad, en su totalidad, sería una ausencia absoluta de estas cosas. Pero también sería una libertad sin pensamiento ni acción: una infeliz condición de nothingness (condición de nada) total.

Cuando está fijo en demasiadas barreras, el Hombre anhela ser libre. Pero si se precipita a una libertad total, no tiene propósito y es desdichado.

Hay "libertad entre" barreras. Si se conocen las barreras y se conocen las libertades, puede existir la vida, el vivir, la felicidad, un juego.

Las restricciones de un gobierno o de un empleo le dan al empleado su libertad. Sin restricciones conocidas, un empleado es un esclavo condenado a los temores de la incertidumbre en todas sus acciones.

Los ejecutivos de las empresas y del gobierno pueden fracasar de tres maneras y producir así un caos en su departamento. Puede que:

1. Parezcan dar libertad sin límite.
2. Parezcan proporcionar barreras sin límite.
3. No hagan que ni la libertad ni las barreras se conozcan con certeza.

La competencia de un ejecutivo, por tanto, consiste en imponer y hacer cumplir un equilibrio adecuado entre la libertad de su gente y las barreras de la sección, *y* en ser preciso y consecuente respecto a esas libertades y barreras. Un ejecutivo así, con añadir sólo en sí mismo iniciativa y propósito, puede tener un departamento con iniciativa y propósito.

Un empleado que crea y/o insista en "sólo libertad", se volverá un esclavo. Conociendo los hechos anteriores, debe insistir en un equilibrio funcional entre libertad y barreras.

Un examen de las dinámicas demostrará la posibilidad de una combinación de equipos. Dos Dinámicas de Grupo pueden participar conjuntamente entre sí como equipos. La Dinámica de Uno Mismo puede aliarse con la Dinámica Animal contra, digamos, la Dinámica del Universo, y así tener un juego. En otras palabras, las dinámicas son un esbozo de los posibles equipos e interacciones. Como todo el mundo participa en varios juegos, un examen de las dinámicas le indicará y le clarificará los diversos equipos en los que está jugando y aquellos contra los que está jugando. Si un individuo puede descubrir que sólo está jugando en la Dinámica de Uno Mismo y que no pertenece a ningún otro equipo, es seguro que este individuo perderá. Pues tiene ante sí las siete dinámicas restantes, y la Dinámica de Uno Mismo rara vez es capaz de batir, por sí sola, a todas las otras dinámicas. En Scientology, llamamos a esta condición el "único". Aquí está el autodeterminismo con el aspecto de determinismo-*egoísta*. Y aquí hay un individuo que sin ninguna duda estará abrumado. Para disfrutar de la vida, uno tiene que estar dispuesto a ser en alguna medida parte de la vida.

En Scientology hay un principio llamado *Pandeterminismo*.

Esto se podría definir, *grosso modo,* como "determinar simultáneamente las actividades de dos o más lados de un juego".

Por ejemplo: una persona que está jugando al ajedrez está siendo autodeterminada y está jugando al ajedrez contra un oponente. Una persona que es pandeterminada en el tema del ajedrez podría jugar en ambos lados del tablero.

Un ser es pandeterminado en relación con cualquier juego con respecto al cual él sea *superior*. Sólo es autodeterminado en un juego con respecto al cual sea *subordinado*.

Por ejemplo: un general de un ejército es pandeterminado respecto a una disputa entre dos soldados o incluso dos compañías que estén bajo su mando. Él es pandeterminado en este caso. Pero cuando se enfrenta a otro ejército liderado por otro general, se vuelve autodeterminado. Se podría decir que, de esta manera, el juego es *mayor* que él. El juego resulta aún mayor cuando el general trata de desempeñar los papeles de todos los dirigentes políticos que deberían estar por encima de él. Esta es la razón principal de que la dictadura no funcione. Es casi imposible que un solo hombre sea pandeterminado con respecto a todo el sistema de juegos que forman una nación. Empieza a "tomar partido" y entonces, en esa medida, se vuelve mucho *menos* que el gobierno que está tratando de dirigir.

En épocas pasadas estuvo de moda insistir sólo en la libertad. La Revolución Francesa proporciona un excelente ejemplo de esto. A finales del siglo XVIII, la nobleza francesa se volvió tan autodeterminada frente al resto del país, y fue tan incapaz de tomar partido por el pueblo, que los nobles fueron aniquilados. Inmediatamente, el pueblo mismo trató de asumir el control del gobierno. Y al estar aleccionado para sentir una profunda hostilidad por todo tipo de restricciones, su grito de guerra se convirtió en "¡Libertad!". Ya no tenía restricciones ni barreras. Se dejaron de lado las reglas del gobierno. El robo y el bandolerismo sustituyeron a la economía. El pueblo, por tanto, se encontró en una trampa más profunda y descubrió que estaba implicado en una dictadura que era mucho más restrictiva que cualquier cosa que hubieran experimentado antes de la revolución.

Aunque el Hombre continuamente usa "¡Libertad!" como grito de guerra, sólo consigue instaurar un mayor atrapamiento para sí mismo. La razón de esto es muy sencilla. Un juego consta de libertad *y* barreras *y* propósitos. Cuando el Hombre abandona la idea de las restricciones o de las barreras, de inmediato pierde el *control* de las barreras. Se vuelve autodeterminado con respecto a las barreras y no pandeterminado. Por tanto, no puede controlar las barreras. Las barreras, al quedar sin control, lo atrapan de inmediato ahí mismo.

Cuando el Hombre elude las barreras se produce inmediatamente la "espiral descendente". Si considera que todas las restricciones y barreras son sus enemigas, se está negando, por supuesto, a controlarlas en modo alguno, e inicia así su propia espiral descendente.

A una raza que está educada para pensar en términos de "sólo libertad", se la atrapa con mucha facilidad. Nadie en la nación se responsabilizará de las restricciones. Por lo tanto, las restricciones aparentemente son cada vez menos. En realidad, cada vez son más y más. Conforme disminuyen estas restricciones, disminuye la libertad del individuo. No se puede ser libre de una pared a menos que exista una pared. Al carecer de toda restricción, la vida se vuelve algo sin propósito, fortuito, caótico.

Un buen directivo debe ser capaz de responsabilizarse de las restricciones. Dado que la libertad, para existir, debe tener barreras, un fracaso a la hora de tomar la iniciativa en el tema de las restricciones o las barreras hace que estas surjan por sí mismas y que existan sin consentimiento ni dirección.

Existen diversas actitudes que producen felicidad. La actitud que sólo insiste en la libertad no puede producir más que infelicidad. Sería mejor desarrollar una pauta de pensamiento que buscara nuevas formas de ser atrapado y cosas en las que estar atrapado, que padecer el completo atrapamiento final de obsesionarse con "sólo libertad". El hombre que está dispuesto a aceptar restricciones y barreras, y no las teme, es *libre*. El hombre que no hace más que luchar contra las restricciones y las barreras, por lo general resultará *atrapado*. La forma de tener una guerra sin fin es "abandonar" toda guerra.

Como puede verse en cualquier juego, los propósitos llegan a contraponerse. En casi todos los juegos de dos equipos en un campo, existe una situación de propósito-contra-propósito. Un equipo tiene la idea de alcanzar la portería del otro, y el otro tiene la idea de alcanzar la portería del primero. Sus propósitos están en conflicto, y este enfrentamiento de propósitos constituye un juego.

El conflicto de propósitos nos da lo que llamamos *problemas*.

Un problema tiene la anatomía de los propósitos. Un problema consta de dos o más propósitos opuestos. No importa a qué problema te enfrentes o te hayas enfrentado, la anatomía básica de ese problema es propósito-contra-propósito.

En pruebas auténticas que se han realizado en Scientology, se ha descubierto que los problemas empiezan a hacer sufrir a una persona cuando no tiene suficientes. Existe la vieja máxima (dicho) que dice que si quieres que algo se haga, dáselo a una persona ocupada para que lo haga. Similarmente, si quieres tener un allegado feliz, asegúrate de que sea una persona que pueda tener muchos problemas.

De esto tenemos la singularidad de una alta incidencia de neurosis en las familias de los ricos. Estas personas tienen muy poco que hacer y muy pocos problemas. Ya tienen resueltos los problemas básicos de alimento, ropa y vivienda. Si fuera cierto que la felicidad de un individuo sólo dependiera de su libertad, supondríamos entonces que estas personas serían felices. Sin embargo, no lo son. ¿Cuál es el origen de su infelicidad? Es la falta de problemas.

Aunque el éxito del procesamiento en Scientology dependería de tener en cuenta los tres elementos de los juegos (y de hecho, ese es el secreto para mejorar a la gente: tener en cuenta la libertad, las barreras y los propósitos, y equilibrarlos), es verdad que podrías hacer que un hombre se pusiera bien con tan sólo sentarte con él y pedirle que "inventara problemas", uno tras otro. Se descubriría que la invención de problemas artificiales liberaría su mente y haría que fuera más capaz. Desde luego, hay otro factor implicado en esto: como es *él* quien está inventando los problemas, se está volviendo, entonces, pandeterminado con respecto a los problemas, en vez de estar en un lugar con todos los problemas en su contra.

Alguien que esté tramando continuamente cómo "salirse de las cosas" será desdichado. Alguien que esté tramando cómo "meterse en las cosas" tiene muchas más oportunidades de llegar a ser feliz.

Por supuesto, existe la cuestión de verse obligado a jugar juegos en los que no se está interesado. Un excelente ejemplo de esto es una guerra para la cual se recluta a alguien a la fuerza. Uno no está interesado en los propósitos de la guerra y, sin embargo, se encuentra combatiendo en ella. Por consiguiente, debe de haber un elemento adicional.

Y este elemento es *el poder de elección*.

Podría decirse, entonces, que la vida es un juego y que la capacidad de jugar un juego consiste en tolerar la libertad y las barreras, y en una profunda comprensión de los propósitos, con poder de elección sobre la participación.

Estos cuatro elementos –*libertad, barreras, propósitos* y *poder de elección*– son los elementos que guían la vida.

Este es, entonces, el panorama general de la vida. Y al centrar la atención en la vida y hacerla menos confusa, se utilizan estos elementos para comprenderla.

L. Ronald Hubbard

Sobre el Trabajo y el Éxito

Cómo Manejar las Confusiones del Mundo del Trabajo Cotidiano • 113

El Hombre que Tiene Éxito • 127

Un Grupo Verdadero • 135

Cómo Manejar las Confusiones del Mundo del Trabajo Cotidiano

Scientology:
Un Nuevo Punto de Vista sobre la Vida

L. Ronald Hubbard

“La confusión es la causa básica de la estupidez. Para el estúpido, todas las cosas excepto las muy sencillas son confusas. Así, si uno conociera la anatomía de la confusión, no importa lo listo que fuera uno, sería más listo.”

Cómo Manejar las Confusiones del Mundo del Trabajo Cotidiano

A uno se le podría hacer creer que había algo confuso respecto a trazar el rumbo de su carrera en el mundo laboral. Y la confusión existe para aquel que no esté equipado con guías y mapas.

Básicamente, todo parecía muy sencillo; esta cosa llamada trabajo, conseguir un empleo. Uno se formaba en algún oficio, y leía un anuncio o le recomendaba un amigo, y le entrevistaban para un empleo. Y uno lo conseguía, y entonces se presentaba todos los días y hacía las cosas encomendadas y, conforme pasaba el tiempo, esperaba un aumento de sueldo. Y el paso de más tiempo aún le traía a uno la esperanza de una pensión o de un sistema gubernamental que pagara prestaciones por vejez. Y esa era la sencilla pauta de eso.

Pero los tiempos cambian y las pautas sencillas tienen la costumbre de trastornarse. Entraron en juego los diversos incidentes y accidentes del destino. Completamente aparte de los factores personales, las cosas se ven alteradas por perspectivas más amplias. El gobierno deja de otorgar pensiones suficientes al economizar a gran escala. La empresa para la que uno trabaja queda hecha añicos por una época de depresión. O la salud de uno falla inexplicablemente y sólo le queda la caridad.

El trabajador en su mundo del trabajo cotidiano no es ningún gigante imponente entre sus muchos adversarios. El "camino de oropel" que tan alegremente pintan los "agitadores", el gran cariño que le profesa al trabajador esta o aquella ideología o figura política, no reflejan los hechos. Un hombre trabajando en un empleo se enfrenta a dificultades bastante grandes para él, no importa lo pequeñas que le pudieran parecer a un industrial de éxito. Un pequeño aumento en el porcentaje de impuestos puede significar que, en adelante, se quede sin pequeños placeres. El que la empresa atraviese un período de tiempos difíciles puede resultar en un sueldo menor, y puede que desaparezcan todos y cada uno de los lujos e incluso algunos artículos de primera necesidad... o el trabajo.

El trabajador, efecto de corrientes internacionales, gobiernos, tendencias empresariales y mercados, todos generalmente más allá de su incumbencia, tiene perfecto derecho a creer que su destino no es del todo predecible. De hecho, hasta podría tener derecho a estar confuso.

Un hombre puede morirse de hambre en pocos días. Pocos trabajadores tienen muchos días de margen en sus bolsillos si cambian esas corrientes. Así, muchas cosas, que no serían un gran problema para los que gozan de mucha seguridad, son contempladas como amenazas por el trabajador. Y estas cosas pueden llegar a ser tantas que toda la vida parece ser demasiado confusa como para soportarla, y uno se hunde en una apatía de rutina diaria, sin mucha esperanza, confiando en que la siguiente tormenta, con suerte, pase de largo.

Al mirar los muchos factores que pudieran trastornar su vida y minar su seguridad, la impresión de "confusión" parece estar bien fundada. Y puede decirse, verdaderamente, que todas las dificultades son fundamentalmente confusiones. Dada suficiente amenaza, suficiente desconocimiento, un hombre agacha la cabeza y trata de atravesarlos a ciegas. Ha sido vencido por las confusiones.

Suficientes problemas no resueltos forman una gigantesca confusión. De vez en cuando, en su empleo, suficientes órdenes contradictorias llevan al trabajador a un estado de confusión. Una planta moderna puede estar dirigida tan deficientemente que todo parezca ser una vasta confusión para la que no hay respuesta posible.

La suerte es la típica respuesta a la que uno recurre en una confusión. Si las fuerzas que le rodean a uno parecen demasiado grandes, uno siempre puede "confiar en su suerte". Con suerte queremos decir "destino no guiado personalmente". Cuando uno suelta el volante y espera que el coche se mantenga en la carretera, por suerte, a menudo queda desilusionado. Y así es en la vida. Aquellas cosas que se dejan a la suerte es menos probable que se solucionen solas.

Uno ha visto a algún amigo cerrando los ojos ante los cobradores y apretando los dientes mientras espera ganar en las carreras y resolver todos sus problemas. Uno ha conocido a gente que manejó así su vida durante años. De hecho, uno de los personajes más estupendos de Dickens tenía como única filosofía "esperar a que algo surja". Pero la suerte, aun concediendo que *es* un poderoso elemento, sólo es necesaria dentro de una fuerte corriente de factores confusos. Si uno tiene que tener *suerte* para salir adelante, se deduce entonces que uno ya no está al volante de su propio automóvil. Y se deduce, también, que uno está tratando con una confusión.

Una confusión puede definirse como "cualquier conjunto de factores o circunstancias que no parecen tener ninguna solución inmediata".

Más ampliamente:

Una confusión en este universo es movimiento aleatorio.

Si te quedaras de pie en medio de un tráfico denso, seguramente te sentirías confuso con todo el movimiento que pasaría zumbando a tu alrededor. Si te quedaras de pie en una fuerte tormenta con hojas y papeles volando por ahí, seguramente te sentirías confuso.

¿Es posible comprender realmente una confusión? ¿Existe una "anatomía de la confusión"? Sí, existe.

Si, como operadora de una centralita, tuvieses diez llamadas llegando a tu centralita a la vez, podrías sentirte confusa. Pero, ¿hay alguna respuesta a la situación?

Si, como jefe de planta, tienes tres emergencias y un accidente todos al mismo tiempo, podrías sentirte confuso. Pero, ¿hay alguna respuesta para eso?

Una confusión es una confusión únicamente mientras *todas* las partículas estén en movimiento. Una confusión es una confusión únicamente mientras *ningún* factor se defina ni comprenda claramente.

La confusión es la causa básica de la estupidez. Para el estúpido, todas las cosas excepto las muy sencillas son confusas. Así, si uno conociera la anatomía de la confusión, no importa lo listo que fuera uno, sería más listo.

Si alguna vez te ha tocado enseñar a algún joven aspirante que no era demasiado listo, comprenderás esto bien. Intentas explicar cómo funciona tal y cual. Lo repasas una y otra vez, una y otra vez. Y luego le dejas a su aire y él rápidamente hace de ello una verdadera chapuza. Él "no comprendió", "no lo captó". Puedes simplificar tu comprensión de su incomprensión diciendo muy correctamente: "Él estaba confuso".

El noventa y nueve por ciento de toda educación fracasa, cuando fracasa, debido a que el estudiante estaba confuso. Y no sólo en el ámbito del empleo, sino en la vida en sí. Cuando el fracaso se acerca, nace de una u otra forma, de la confusión. Para aprender de maquinaria o para vivir la vida, uno tiene que ser capaz de enfrentarse a la confusión o de desmontarla.

Tenemos, en Scientology, una cierta doctrina respecto a la confusión. Se llama:

La Doctrina del Dato Estable.

Si vieras una gran cantidad de trozos de papel dando vueltas rápidamente en una habitación, parecerían confusos hasta que escogieras *un* trozo de papel para que fuera *el* trozo de papel respecto al cual todo lo demás estuviera en movimiento. En otras palabras, un movimiento confuso se puede comprender concibiendo que una cosa está inmóvil.

En un tráfico ininterrumpido, todo sería confusión a menos que concibieras que *un* coche estaba inmóvil respecto a los demás coches y así vieras a los demás en relación con el primero.

La operadora de la centralita, que recibe diez llamadas a la vez, resuelve la confusión clasificando –correcta o incorrectamente– *una* llamada como la primera que va a recibir su atención. La confusión de "diez llamadas a la vez" se vuelve menos confusa en el instante en que ella selecciona una llamada que contestar.

El jefe de planta, enfrentado a tres emergencias y un accidente, sólo necesita escoger su *primer* objetivo de atención para comenzar el ciclo de volver a poner orden.

Mientras uno no seleccione *un* dato, *un* factor, *un* elemento en una confusión de partículas, la confusión continúa. Esa *única* cosa seleccionada y utilizada se convierte en el *dato estable* con respecto al resto.

Cualquier conjunto de conocimientos, más concreta y exactamente, se construye a partir de *un dato*. Ese es su *dato estable*. Invalídalo y todo el conjunto de conocimiento se desmorona. Un dato estable no tiene por qué ser el correcto. Es simplemente el que impide que las cosas estén en una confusión y con el cual se alinean otros.

Ahora, si al enseñar a un joven aspirante a usar una máquina, no comprendió tus instrucciones, es porque carecía de un dato estable. Tenía que hacérsele entender primero *un hecho*. Captando ese, podría captar otros. Uno es estúpido, entonces, o está confuso en cualquier situación confusa mientras no haya comprendido completamente *un hecho* o *un elemento.*

Las confusiones, no importa lo grandes e imponentes que puedan parecer, se componen de datos, factores o partículas. Tienen partes. Agarra *una* parte o localízala completamente. Luego mira cómo funcionan las demás en relación con ella, y has estabilizado la confusión. Y relacionando *otras* cosas con la que has agarrado, pronto habrás dominado la confusión en su totalidad.

Al enseñar a un chico a manejar una máquina, no le lances un torrente de datos y luego le señales sus errores: eso es confusión para él, eso le hace responder de forma estúpida. Encuentra algún punto de entrada a su confusión, *un dato.* Dile: "Esto es una máquina". Puede que todas las instrucciones le fueran lanzadas a alguien que no tuviese ninguna certeza real, ningún orden verdadero. "Esto es una máquina", dices. Entonces haz que esté seguro de ello. Haz que la palpe, que juguetee con ella, que la empuje. "Esto es una máquina", dile. Y te sorprendería cuánto tiempo puede llevar, pero te sorprendería también cuánto aumenta su certeza. De todas las complejidades que debe aprender para usarla, debe conocer *un dato* primero. Ni siquiera es importante *qué* dato aprende bien primero, aparte de que es mejor enseñarle un *dato básico sencillo.* Puedes mostrarle lo que hace, puedes explicarle el producto final, puedes decirle por qué ha sido seleccionado *él* para llevar esta máquina. *Pero tienes* que hacer que un dato básico le resulte claro o estará perdido en la confusión.

La confusión es *incertidumbre*. La confusión es *estupidez*. La confusión es *inseguridad*. Cuando pienses en incertidumbre, estupidez e inseguridad, piensa en confusión y lo tendrás dominado.

¿Qué es, entonces, la *certeza?* La ausencia de confusión. ¿Qué es, entonces, la *inteligencia?* La capacidad para manejar la confusión. ¿Qué es, entonces, la *seguridad?* La capacidad para pasar a través de la confusión o bordearla o poner orden en ella. Certeza, inteligencia y seguridad son la *ausencia* de confusión o la *capacidad para manejarla*.

¿Cómo encaja la suerte en la confusión? La suerte es la esperanza de que algún hecho fortuito e incontrolado haga que uno salga adelante. Contar con la suerte es un abandono del control. Eso es apatía.

Existe "buen control" y "mal control". La diferencia entre ellos es *certeza* e *incertidumbre*. El buen control es seguro, positivo, predecible. El mal control es inseguro, variable e impredecible. Con buen control, uno puede tener certeza. Con mal control, uno nunca tiene certeza.

Un capataz que hace que una regla esté en vigor hoy pero no mañana, que hace que obedezca Jorge pero no Jaime, está ejerciendo mal control. Ese capataz deja a su paso incertidumbre e inseguridad, no importa cuáles puedan ser sus atributos personales.

Dado que puede haber tanto control vacilante y estúpido, algunos de nosotros comenzamos a creer que todo control es malo. Pero esto dista mucho de ser verdad. El control es necesario para introducir algún orden en las confusiones. Uno tiene que ser capaz de controlar las cosas, su cuerpo, sus pensamientos, por lo menos hasta cierto punto, para poder hacer cualquier cosa.

Una confusión podría llamarse una "aleatoriedad incontrolada". Solamente aquellos que pueden ejercer algún control sobre esa aleatoriedad pueden manejar las confusiones. Aquellos que no pueden ejercer control fomentan de hecho las confusiones.

La diferencia entre el buen y el mal control se vuelve entonces más obvia. La diferencia entre bueno y malo, aquí, es el *grado*. Un control concienzudo, positivo puede ser predicho por otros. Por lo tanto es buen control. Un control no positivo y chapucero no puede ser predicho. Por lo tanto es mal control. La intención también tiene algo que ver con el control. El control puede usarse con fines constructivos o con fines destructivos. Pero descubrirás que cuando se *pretenden* fines destructivos, se usa el mal control.

Así pues, hay mucho respecto a todo este tema de la *confusión*. Puede que encuentres un tanto extraño que la confusión en sí se utilice aquí como objetivo. Pero encontrarás que es un excelente denominador común de todo lo que consideramos maligno en la vida. Y si uno puede llegar a dominar las confusiones, su atención se libera para la actividad *constructiva.* Mientras a uno lo estén confundiendo las confusiones, lo único en que puede pensar son cosas *destructivas:* lo que *más* quiere hacer es destruir la confusión.

Así que aprendamos primero cómo destruir las confusiones. Y encontramos que esto es una cuestión bastante sencilla.

Cuando *todas* las partículas parecen estar en movimiento, detén una y mira cómo las demás se mueven en relación con *ella,* y entonces encontrarás que hay menos confusión. Con *una* adoptada como *dato estable,* se puede hacer que otras se alineen. Así, una emergencia, una máquina, un empleo o la vida en sí se pueden observar y comprender y uno puede ser libre.

Echemos un vistazo a cómo funciona esto. Uno puede manejar todo este problema, como lo hace la gente la mayoría de las veces, introduciendo en el problema el dato único: "Yo puedo conseguir y mantener un empleo". Aferrándose a esto como única creencia, las confusiones e inseguridades de la vida se vuelven menos efectivas, menos confusas.

Pero supón que uno haya hecho esto: sin investigar más el problema, uno, siendo joven, apretó los dientes y cerró los ojos y dijo: "Yo puedo conseguir y conservar un empleo pase lo que pase. Por lo tanto, no me voy a preocupar más acerca de las cuestiones económicas de la existencia". Bueno, eso estuvo bien.

Más adelante, sin previo aviso, a uno lo despidieron. Estuvo diez semanas sin trabajo. Se sintió entonces, aunque sí que consiguió un nuevo empleo, menos seguro, con menos confianza. Y digamos que ocurrió algún accidente y uno volvió a quedarse sin trabajo. Cuando de nuevo quedó desempleado, de nuevo estuvo menos confiado, menos seguro. ¿Por qué?

Echemos un vistazo a la otra cara de esta Doctrina del Dato Estable. Si lo hacemos, aprendemos que a las confusiones las vuelven inefectivas los datos estables y que cuando se desestabiliza el dato estable, la confusión surge de nuevo.

Visualicemos una confusión como si estuviera parada. Todavía está dispersa, pero está parada. ¿Qué la paró? La adopción de un dato estable. Digamos que a uno le molestaba muchísimo en su casa una suegra. Un día, después de una discusión, uno se largó hecho una furia y se dijo a sí mismo en un momento de inspiración: "Todas las suegras son malvadas".

Eso fue una decisión. Eso, correcta o incorrectamente, fue un dato estable adoptado en una confusión. Inmediatamente uno se sintió mejor. Ahora podía manejar el problema o sobrellevarlo. Sabía que "Todas las suegras eran malvadas". No era verdad, pero era un dato estable.

Entonces, un día, cuando tenía problemas, su suegra intervino por su propia iniciativa, con una lealtad a toda prueba, y no solamente pagó el alquiler sino también la otra deuda. De inmediato él se sintió muy confuso. Este acto de bondad no debería haber sido algo que introdujera una confusión. Después de todo, ¿no había resuelto ella el problema? Entonces, ¿por qué se siente uno trastornado por eso? *Porque se ha desestabilizado el dato estable.* Toda la confusión del problema del pasado entró de nuevo en acción debido a la demostrada falsedad del dato estable.

Para confundir a cualquiera, lo único que tienes que hacer es localizar sus datos estables e invalidarlos. Sólo es necesario desestabilizar estos pocos datos estables con críticas o pruebas para volver a poner en acción todas las confusiones de una persona.

¿Ves?, los datos estables no necesitan ser *ciertos.* Simplemente se *adoptan.* Una vez adoptados, uno examina entonces otros datos en relación con ellos. Así, la adopción de *cualquier* dato estable tenderá a anular la confusión abordada. *Pero* si ese dato estable se desestabiliza, se invalida o se demuestra que es falso, entonces a uno se le deja de nuevo con la confusión. Por supuesto, lo único que tiene que hacer uno es adoptar un nuevo dato estable o volver a colocar en su sitio el viejo dato estable. Pero tendría que saber Scientology para lograr esto con facilidad.

Digamos que uno no teme nada respecto a la economía nacional gracias a una figura política heroica que está haciendo todo lo que puede. Ese hombre es el dato estable de todas las confusiones de uno respecto a la economía nacional. Por eso uno "no está preocupado". Pero un día, las circunstancias o sus enemigos políticos le desestabilizan como dato. "Demuestran" que realmente era deshonesto. Uno entonces vuelve a estar todo preocupado acerca de la economía nacional.

Quizás adoptaste alguna filosofía porque el orador parecía un tipo tan agradable. Luego alguna persona te demuestra con rigor que el orador de hecho era un ladrón o algo peor. Uno adoptó la filosofía porque necesitaba que sus pensamientos le dejaran en paz. Invalidar al orador entonces traería de vuelta inmediatamente la confusión a la que uno se enfrentaba originalmente.

Muy bien. Cuando éramos jóvenes, echábamos un vistazo a la confusión del mundo del trabajo cotidiano y la manteníamos a raya diciendo con determinación: "Yo puedo conseguir y conservar un empleo". Ese era el dato estable. Sí que obtuvimos un empleo. Pero nos despidieron. La confusión del mundo del trabajo cotidiano se volvió entonces muy confusa. Si sólo tenemos el único dato estable "Yo puedo conseguir y conservar un empleo", como respuesta total a todos los diversos problemas del trabajo, entonces sin duda vamos a pasar algunos períodos confusos en la vida laboral. Un dato estable mucho, mucho mejor sería: "Yo tengo comprensión acerca de la vida y los empleos. Por lo tanto puedo conseguirlos, conservarlos y mejorarlos".

El Hombre que Tiene Éxito

Scientology:
Un Nuevo Punto de Vista sobre la Vida

L. Ronald Hubbard

“Un trabajador no es sólo un trabajador. Un obrero no es sólo un obrero. Un oficinista no es sólo un oficinista. Son pilares importantes que viven, respiran, sobre los que se erige toda la estructura de nuestra civilización. No son ruedas dentadas de una imponente máquina. Son la máquina en sí.”

EL HOMBRE QUE TIENE ÉXITO

LAS CONDICIONES DEL ÉXITO son pocas y se enuncian fácilmente.

Los empleos no se conservan, constantemente ni en realidad, por caprichos del destino ni la fortuna. Aquellos que dependen de la suerte generalmente experimentan mala suerte.

La capacidad para conservar un empleo depende, principalmente, de la capacidad. Uno debe ser capaz de controlar su trabajo y debe ser capaz de ser controlado al hacer su trabajo. Uno debe ser capaz también de dejar ciertas áreas sin control. La inteligencia de uno está directamente relacionada con su capacidad. No existe eso de ser demasiado inteligente. Pero sí existe el ser demasiado estúpido.

Pero uno puede ser hábil e inteligente sin tener éxito. Una parte vital del éxito es la capacidad para manejar y controlar no sólo las herramientas de trabajo de uno sino a la gente que le rodea a uno. Para hacer esto, uno debe ser capaz de un nivel muy alto de afinidad, debe ser capaz de tolerar realidades masivas, y debe asimismo ser capaz de dar y recibir comunicación.

Los ingredientes del éxito son, entonces, primero una capacidad para confrontar el trabajo con alegría y no con horror, un deseo de hacer el trabajo por el trabajo en sí, no porque uno "tiene que tener un sueldo". Uno tiene que ser capaz de trabajar sin forzarse o sin experimentar niveles profundos de agotamiento. Si alguien experimenta estas cosas, algo no va bien en él. Hay algún elemento en su entorno que él debería estar controlando y no está controlando. O sus lesiones acumuladas son tales que hacen que huya de toda la gente y masas con las que debería estar en contacto directo.

Los ingredientes del trabajo con éxito son formación y experiencia en el tema que se esté abordando, buena inteligencia y capacidad generales, aptitud para tener una alta afinidad, tolerancia de la realidad y capacidad de comunicar y recibir ideas.

Dadas estas cosas, sólo queda un estrecho margen para el fracaso. Dadas estas cosas, un hombre puede ignorar todos los accidentes de nacimiento, matrimonio o fortuna: pues el nacimiento, el matrimonio y la fortuna no son capaces de poner estos ingredientes necesarios en las manos de uno.

Uno podría tener todo el dinero del mundo y, sin embargo, ser incapaz de llevar a cabo una hora de trabajo honesto. Un hombre así sería miserablemente desdichado.

La persona que cuidadosamente evita el trabajo, por lo general trabaja mucho más tiempo y más arduamente que el hombre que placenteramente lo confronta y lo hace. Los hombres que no pueden trabajar no son hombres felices.

El trabajo es el dato estable de esta sociedad. Sin algo que hacer, no hay nada por lo que vivir. Un hombre que no puede trabajar es como si estuviera muerto, y generalmente prefiere la muerte y trabaja para conseguirla.

Los misterios de la vida no son ahora, con Scientology, tan misteriosos. El misterio no es un ingrediente necesario. Sólo el hombre muy aberrado desea que se le oculten grandes secretos. Scientology se ha abierto paso a través de muchas de las complejidades que se han erigido ante los hombres y ha puesto al descubierto la propia esencia de estos problemas. Por primera vez en la historia del Hombre, Scientology puede, predeciblemente, elevar la inteligencia, aumentar la capacidad y lograr que se recupere la capacidad para jugar un juego; y permite al Hombre escapar de la espiral descendente de sus propias incapacidades. Por lo tanto el trabajo en sí puede volverse, de nuevo, algo agradable y dichoso.

Hay una cosa que se ha aprendido en Scientology, y que es muy importante para el estado de ánimo del trabajador. Uno siente muy a menudo que, en esta sociedad, está trabajando por el salario inmediato y que no consigue nada importante para la sociedad en general. Hay varias cosas que desconoce. Una de ellas es lo *escasos* que son los buenos trabajadores. A nivel ejecutivo, es interesante observar lo verdaderamente inestimable que cualquier gran compañía considera que es *realmente* un hombre que puede manejar y controlar puestos y personas. Estos individuos son excepcionales. Todo el espacio vacío en la estructura de este mundo del trabajo cotidiano se encuentra en la parte superior.

Y hay otra cosa que es muy importante. Y es el hecho de que ciertas filosofías mentales –creadas para traicionar al mundo– lo han conducido hoy a la creencia de que cuando uno muere, todo se ha acabado y terminado, y que ya no se tiene responsabilidad por nada. Es muy dudoso que esto sea verdad. Uno heredará mañana aquello de lo que murió ayer.

Otra cosa que sabemos es que los hombres no son prescindibles. Es un mecanismo de filosofías antiguas el decir a los hombres que "Si creen que son indispensables, deberían ir a un cementerio y echar un vistazo: esos hombres también eran indispensables". Esto es absolutamente ridículo. Si realmente observaras con cuidado en el cementerio, encontrarías al diseñador que puso en marcha los modelos de antaño, y sin los cuales no habría industria hoy.

Es dudoso que una hazaña similar se esté llevando a cabo en este momento.

Un trabajador no es sólo un trabajador. Un obrero no es sólo un obrero. Un oficinista no es sólo un oficinista. Son pilares importantes que viven, respiran, sobre los que se erige toda la estructura de nuestra civilización. No son ruedas dentadas de una imponente máquina. Son la máquina en sí.

Hemos llegado a un bajo nivel de la capacidad para trabajar. Las oficinas dependen muy a menudo de no más de uno o dos hombres y el personal adicional parece sólo añadir complejidad a las actividades del escenario. Los países avanzan por la producción de sólo unas pocas factorías. Es como si al mundo lo estuviera manteniendo unido un puñado de hombres desesperados que, trabajando hasta caer muertos, puede que mantengan en marcha al resto del mundo.

Pero, por otra parte, puede que no lo hagan.

Es a ellos a quienes está dedicado esto.

Un Grupo Verdadero

Scientology:
Un Nuevo Punto de Vista sobre la Vida

L. Ronald Hubbard

“Cualquier miembro del grupo tiene derecho a exigir el mayor y más elevado nivel de los ideales, razón fundamental y ética del grupo y a exigir que estos se mantengan. Un grupo verdadero le debe a cada uno de sus miembros el sustento o los medios y una oportunidad para sus generaciones futuras.”

Un Grupo Verdadero

Un grupo verdadero es aquel que tiene ideales, ética, razón fundamental y una dinámica para llevar adelante sus ideales y su razón fundamental según el estándar de ética que ha elegido.

El primer derecho de cualquier grupo verdadero es el de sobrevivir.

Todos los grupos deben tener metas. Sólo el deterioro de las metas del grupo o la consecución de todas las metas del grupo puede producir el declive del grupo o de los individuos del mismo. Por lo tanto, a cualquier grupo le corresponde tener un conjunto de metas postuladas que sean metas continuas, tener una meta mayor que no se pueda alcanzar por completo en un abrir y cerrar de ojos, y también tener metas menores que vayan en progresión hacia metas mayores que vayan en progresión hacia metas mayores superiores.

El grupo tiene perfecto derecho a exigir la ayuda, vida o, en un sentido continuo, la energía y lealtad de cualquier miembro del grupo. Cualquier miembro del grupo tiene derecho a exigir el mayor y más elevado nivel de los ideales, razón fundamental y ética del grupo y a exigir que estos se mantengan. Un grupo verdadero le debe a cada uno de sus miembros el sustento o los medios y una oportunidad para sus generaciones futuras. Los miembros no deben negarle al grupo su derecho a expandirse y perpetuarse, sino que deben contribuir plena y enteramente a este.

Un individuo tiene derecho a contribuirle al grupo y el grupo tiene derecho a esperar que cada individuo le contribuya a él al máximo de su capacidad y energía. El individuo tiene derecho a esperar la contribución del grupo y que el grupo lo proteja a él en la medida de lo posible para el mantenimiento del grupo y la consecución por parte del grupo de sus metas.

EL CREDO DEL MIEMBRO DE UN GRUPO VERDADERO

1 El participante de éxito en un grupo es aquel participante que en sus propias actividades se aproxima muy de cerca al ideal, a la ética y a los principios fundamentales del grupo en general.

2 La responsabilidad del individuo por el grupo en su totalidad no debería ser menor que la responsabilidad del grupo por el individuo.

3 El miembro del grupo tiene, como parte de su responsabilidad, el buen funcionamiento de todo el grupo.

4 Un miembro del grupo tiene que ejercer sus derechos y prerrogativas e insistir en ellos como miembro del grupo e insistir en los derechos y prerrogativas del grupo como grupo, y no permitir que estos derechos disminuyan en modo ni grado alguno por ninguna excusa ni supuesta urgencia.

5 El miembro de un grupo verdadero tiene que ejercer y practicar su derecho a contribuir al grupo. Y tiene que insistir en el derecho del grupo a contribuirle a él. Debería reconocer que cuando se niega cualquiera de estas contribuciones como derecho, dará como resultado una miríada de fracasos del

grupo. (Siendo un estado de beneficencia aquel estado a cuyos miembros no se les permite contribuir al estado, sino que tienen que aceptar la contribución del estado).

6 El miembro de un grupo tiene que rechazar y obstaculizar que se cree turbulencia en los asuntos del grupo por cambios súbitos de los planes no justificados por las circunstancias, el colapso de los conductos reconocidos o el cese de operaciones útiles en un grupo. Debería cuidarse de no enturbular a un directivo y así disminuir el ARC.

7 El miembro del grupo tiene que corregir, para bien de este, el no planificar o el no reconocer las metas, llevando el asunto a una junta o actuando por propia iniciativa.

8 Un miembro del grupo tiene que coordinar su iniciativa con las metas y los principios fundamentales de todo el grupo y con otros miembros considerados individualmente, y hacer públicas sus actividades e intenciones para que todos los conflictos puedan ponerse de manifiesto con anticipación.

9 Un miembro del grupo tiene que insistir en su derecho a tener iniciativa.

10 Un miembro del grupo tiene que estudiar, comprender y trabajar con las metas, los principios fundamentales y las realizaciones del grupo.

11 Un miembro del grupo tiene que trabajar dentro del grupo para llegar a ser tan experto como sea posible en su tecnología y destreza especializadas, y tiene que ayudar a otros individuos del grupo a alcanzar una comprensión de esa tecnología y destreza y el lugar que estas tienen en las necesidades de organización del grupo.

12 Un miembro del grupo debería tener un conocimiento funcional de todas las tecnologías y destrezas del grupo, para entenderlas y entender el lugar que ocupan en las necesidades de organización del grupo.

13 La elevación del ARC del grupo depende del miembro del grupo. Tiene que exigir líneas de comunicación de alto nivel y claridad en la afinidad y realidad y saber la consecuencia de no tener tales condiciones. *Y tiene que trabajar continua y activamente para mantener elevado el ARC en la organización.*

14 Un miembro del grupo tiene el derecho a estar orgulloso de sus tareas, y un derecho de criterio y manejo de esas tareas.

15 Un miembro del grupo tiene que reconocer que él, él mismo, es un administrador de alguna sección del grupo y/o de sus tareas, y que él mismo tiene que tener tanto el conocimiento como el derecho a dirigir esa esfera de la que es responsable.

16 El miembro del grupo no debería permitir que se aprueben leyes que limiten o proscriban las actividades de todos los miembros del grupo debido al fallo de algunos miembros del grupo.

17 El miembro del grupo debería insistir en una planificación flexible y la ejecución infalible de los planes.

18 El miembro del grupo debería comprender que el desempeño óptimo del deber por cada miembro del grupo es la mayor salvaguarda de su propia supervivencia y la del grupo. Es de la incumbencia de cada miembro del grupo que cualquier otro miembro del grupo logre un desempeño óptimo, ya sea que la cadena de mando o la similitud de la esfera de actividad justifique tal supervisión o no.

EL CREDO DE UN
DIRECTIVO BUENO Y DIESTRO

Para ser eficiente y tener éxito, un directivo tiene que:

1 Comprender tanto como sea posible las metas y fines del grupo que dirige. Tiene que ser capaz de ver y abarcar el logro *ideal* de la meta como fue contemplada por el creador de la meta. Tiene que ser capaz de tolerar y mejorar los progresos y logros *prácticos* de los que su grupo y los miembros de este puedan ser capaces. Tiene que esforzarse, siempre, en reducir el abismo existente en todo momento entre lo *ideal* y lo *práctico*.

2 Tiene que darse cuenta de que una misión primaria es su propia interpretación completa y honesta del ideal y la ética y las metas y fines de estos para sus subordinados y para el grupo en sí. Tiene que dirigir a sus subordinados, al grupo en sí y a los individuos del grupo creativa y persuasivamente hacia estas metas.

3 Tiene que abarcar a la organización y actuar sólo para toda la organización, y nunca formar o favorecer camarillas. Su criterio sobre los individuos del grupo debería ser únicamente de acuerdo al valor que estos tengan para todo el grupo.

4 Nunca deberá vacilar en sacrificar a los individuos por el bien del grupo, tanto al planificar y ejecutar como al impartir justicia.

5 Tiene que proteger todas las líneas de comunicación establecidas y complementarlas cuando sea necesario.

6 Tiene que proteger toda afinidad bajo su cargo y tener él mismo afinidad por el grupo en sí.

7 Tiene que alcanzar siempre la realidad creativa más elevada.

8 Su planificación tiene que lograr, a la luz de las metas y fines, la actividad de todo el grupo. Nunca tiene que permitir que las organizaciones crezcan y se extiendan de forma desordenada, sino que, aprendiendo por experimentación, tiene que mantener la planificación organizativa espontánea y flexible.

9 Tiene que reconocer en sí mismo los principios fundamentales del grupo y recibir y evaluar los datos con los que produce sus soluciones con la mayor atención a la verdad de esos datos.

10 Tiene que establecerse a sí mismo poniéndose a las órdenes de servicio del grupo.

11 Tiene que permitirse ser bien atendido en sus necesidades individuales, economizando sus propios esfuerzos y disfrutando de ciertas comodidades con el fin de mantener elevados sus principios fundamentales.

12 Debería exigir que sus subordinados transmitieran a sus propias esferas de dirección la totalidad e integridad de los verdaderos sentimientos del directivo y las razones de sus decisiones tan claramente como puedan transmitirse y que se amplíen e interpreten, sólo para la mayor comprensión de los individuos gobernados por esos subordinados.

13 Nunca tiene que permitirse a sí mismo desvirtuar o enmascarar ninguna parte del ideal y la ética con los que el grupo funciona ni tiene que permitir que el ideal y la ética envejezcan, se vuelvan anticuados o impracticables. Nunca tiene que permitir que los subordinados distorsionen o censuren su planificación. Nunca tiene que permitir que se deteriore el ideal y la ética de cada uno de los miembros del grupo, usando siempre la razón para interrumpir tal deterioro.

14 Tiene que tener fe en las metas, fe en sí mismo y fe en el grupo.

15 Tiene que dirigir demostrando siempre submetas creativas y constructivas. No deberá conducir mediante la amenaza y el miedo.

16 Tiene que darse cuenta de que cada individuo del grupo está comprometido en cierto grado en la dirección de otros hombres, vida y el universo físico, y que a cada subdirectivo se le debería permitir libertad para dirigir dentro de este código.

Conduciéndose de este modo, un directivo puede ganar un imperio para su grupo, no importa cuál sea ese imperio.

L. Ronald Hubbard

Sobre la Familia

Sobre el Matrimonio • 149

Cómo Vivir con los Niños • 157

Sobre el Matrimonio

Scientology:
Un Nuevo Punto de Vista sobre la Vida

L. Ronald Hubbard

“La comunicación es la raíz del éxito matrimonial a partir de la cual puede crecer una unión fuerte, y la no-comunicación es el escollo en el que el barco encallará destrozando su quilla.”

Sobre el Matrimonio

La comunicación es la raíz del éxito matrimonial a partir de la cual puede crecer una unión fuerte, y la no-comunicación es el escollo en el que el barco encallará destrozando su quilla.

En primer lugar, los hombres y las mujeres no son demasiado cuidadosos acerca de "con quien van y se casan". En ausencia de cualquier formación básica sobre la neurosis, psicosis, o cómo juzgar a una buena cocinera o a un buen jornalero, esa cosa engañosa, traicionera y no siempre fácil de identificar llamada "amor" es el único factor de orientación en la elección de la pareja. Es esperar demasiado de una sociedad por encima del nivel de las hormigas que sea enteramente práctica acerca de una institución tan fundamentalmente poco práctica como el matrimonio. Así que no es sorprendente que estas elecciones de cónyuge inapropiadas se hagan con tal despreocupado desenfreno.

Hay formas, sin embargo, no sólo de seleccionar a un cónyuge, sino también de garantizar la continuación de ese matrimonio; y estas formas son simples. Dependen, uniformemente, de la comunicación.

Debería haber una cierta paridad de intelecto y cordura entre marido y mujer para que tengan un matrimonio con éxito. En la cultura occidental, se espera que las mujeres tengan cierto dominio de las humanidades y las ciencias. Es fácil determinar los antecedentes educativos de un cónyuge potencial. No es tan fácil estimar su capacidad en cuanto al sexo, la familia o los niños, o su cordura.

En el pasado, hubo esfuerzos por determinar la cordura con manchas de tinta, con los hexaedros usados en los tests y tests con tornillos para ver si alguien había perdido alguno. Las cifras resultantes se tenían que interpretar personalmente con una bola de cristal y luego volverlas a interpretar para aplicarlas.

En Scientology, hay un test para la cordura y para la cordura comparativa que es tan simple que cualquiera puede aplicarlo: ¿cuál es el "retardo de comunicación" del individuo? Cuando se le hace una pregunta, ¿cuánto tiempo le lleva responder? Cuando se le dirige un comentario, ¿cuánto tiempo le lleva captarlo y responder? La respuesta rápida revela una mente rápida y una mente cuerda, con tal de que la respuesta sea coherente. La respuesta lenta indica que la persona está en la parte baja de la escala. Los cónyuges que tengan el mismo retardo de comunicación se llevarán bien. Cuando uno de los cónyuges sea rápido y el otro lento, la situación resultará insoportable para el cónyuge rápido y desdichada para el lento.

La reparación de un matrimonio que se está yendo a pique no siempre requiere el procesamiento de los cónyuges. Puede ser que haya otro factor familiar en la escena. Este puede consistir en un familiar, como la suegra. ¿Cómo soluciona uno este factor sin usar una escopeta? Esto, una vez más, es simple. La suegra, habiendo dificultades en la familia, es la responsable de cortar las líneas de comunicación o de desviar la comunicación. A uno u otro de los cónyuges, entonces, se le saca del conducto de comunicación en el que le corresponde estar. Él nota esto y se opone enérgicamente a ello.

Los celos son el mayor factor en las rupturas matrimoniales. Los celos surgen a causa de la inseguridad de la persona celosa y pueden o no tener fundamento. Esta persona tiene miedo de las líneas de comunicación ocultas y hará cualquier cosa para intentar sacarlas a la luz. Esto actúa sobre el otro cónyuge haciéndole sentir que se están cortando sus líneas de comunicación; porque piensa que tiene derecho a tener líneas de comunicación abiertas, mientras que su cónyuge insiste en que cierre muchas de ellas. Las peleas resultantes son violentas, como lo muestra el hecho de que las compañías de seguros no extenderán pólizas en las profesiones, como la de actor, en las que existen los celos: el índice de suicidios es demasiado alto.

El tema del matrimonio no se podría abarcar ni en muchos capítulos, pero aquí se dan las claves básicas para un matrimonio con éxito: ¡Comunica!

Cómo Vivir con los Niños

Scientology:
Un Nuevo Punto de Vista sobre la Vida

L. Ronald Hubbard

“Potencialmente, él está más cuerdo que tú, padre o madre, y el mundo es mucho más prometedor. Su sentido de los valores y la realidad es más agudo. No lo embotes. Y tu niño será un ser humano excelente, de estatura, tendrá éxito.”

SCIENTOLOGY:
UN NUEVO PUNTO DE VISTA SOBRE LA VIDA

CÓMO VIVIR CON LOS NIÑOS

EL ADULTO ES el problema en la crianza del niño, no el niño. Un adulto tiene ciertos derechos sobre los niños que los niños y adultos modernos de alguna manera tienden a ignorar.

Un adulto bondadoso y estable, con amor y tolerancia en su corazón, es prácticamente la mejor terapia que puede tener un niño.

La principal consideración en la crianza de los niños es el problema de entrenarlos sin domarlos. Los jesuitas tenían un sistema que se dice que era funcional, pero el sistema pereció con los jesuitas. Por contraposición, la Asociación Médica Americana –una organización dedicada a intentar controlar las prácticas de los médicos– sacó un panfleto, una obra maestra del disparate, titulado *Cómo Controlar a Tu Hijo*. Eso es precisamente lo que no tienes que hacer. Tienes que criar a tu hijo de tal manera que no tengas que controlarlo, para que él o ella tenga pleno control de sí mismo en todo momento. De ello dependen su buen comportamiento, su salud, su cordura.

Mal que les pese a los ex barberos, los niños no son perros. No se les puede entrenar como se entrena a los perros. No son objetos a controlar. Son, y no pasemos por alto este punto, hombres y mujeres. Un *niño* no es una especie de animal especial diferente del Hombre. Un niño es un hombre o una mujer que no ha alcanzado su crecimiento pleno.

Toda ley pertinente al comportamiento de los hombres y las mujeres es pertinente a los niños.

¿Te gustaría que tiraran de ti, te arrastraran y te hicieran ir de un lado a otro y que te impidieran hacer lo que tú quisieras? Te indignarías. La única razón por la que un niño "no" se indigna es porque es pequeño. Tú prácticamente matarías a alguien que te tratase a ti, un adulto, con las órdenes, contradicción y falta de respeto con las que se trata al niño promedio. El niño no contraataca porque no es lo bastante grande. En vez de eso, te llena el suelo de barro, te interrumpe la siesta y destruye la paz del hogar. Si se encontrara en un plano de igualdad contigo en cuestión de derechos, no clamaría esta "venganza". Esta "venganza" es el comportamiento infantil estándar.

Un niño tiene derecho a su autodeterminismo. Dices que si no se le impidiera tirarse cosas encima, salir corriendo a la carretera, etc., etc., se haría daño. ¿Qué haces tú, como adulto, permitiendo que ese niño viva en habitaciones o en un entorno donde se *pueda* hacer daño? La culpa es tuya, no de él, si rompe cosas.

La dulzura y el amor de un niño sólo se preservan mientras pueda ejercer su propio autodeterminismo. Interrumpe eso y, en cierta medida, interrumpes su vida.

Sólo hay dos razones por las que el derecho de decisión propio de un niño tiene que interrumpirse: la fragilidad y el peligro de su entorno, y *tú*. Pues tú descargas sobre él las cosas que se te hicieron a ti, sin importar lo que pienses al respecto.

Hay dos caminos que puedes tomar: darle al niño libertad de acción en un entorno que él no pueda estropear, donde no pueda hacerse mucho daño, y que no restrinja demasiado su espacio y su tiempo. Y puedes limpiar tus propias aberraciones hasta un punto en que tu tolerancia iguale o supere su falta de educación sobre cómo complacerte.

Cuando le das algo a un niño, es *suyo*. Ya no es tuyo. La ropa, los juguetes, la habitación: lo que se le ha dado *debe permanecer bajo su control exclusivo*. Que hace trizas su camiseta, destroza su cama, rompe su coche de bomberos... Eso *no es asunto tuyo*. ¿Te gustaría que alguien te diera un regalo de Navidad y luego te dijera, día tras día a partir de entonces, lo que debías hacer con él, e incluso te castigara si no lo cuidaras de la forma en que quisiera la persona que te lo dio? Destrozarías a esa persona y destruirías ese regalo. Sabes que lo harías. El niño te destroza los nervios cuando tú le haces eso a él. Eso es venganza. Llora. Te da la lata. Rompe tus cosas. Derrama "accidentalmente" su leche. Y destroza *a propósito* la posesión sobre la que tan a menudo se le advierte. ¿Por qué? Porque está luchando por su autodeterminismo, su propio derecho a poseer y a hacer que se sienta su peso en el entorno. Esta "posesión" es otro conducto mediante el que se le puede controlar. Así que tiene que luchar contra la posesión y contra el controlador.

Sin duda, los respetables ex barberos fueron criados tan mal que piensan que el *control* es el *non plus ultra* de la crianza de los niños. Si quieres controlar a tu niño, simplemente dómale hasta que entre en completa apatía y será tan obediente como cualquier imbécil hipnotizado. Si quieres saber cómo controlarle, consíguete un libro de entrenamiento canino, llama al niño Rex y enséñale primero a ir corriendo a buscar cosas gritándole "¡Busca!", y luego a sentarse erguido diciéndole "¡Siéntate!", y luego a ladrar para pedir comida. Puedes entrenar a un niño de esa manera. Vaya si puedes. Pero será tu mala suerte si resulta salirte una bestia sanguinaria. Sólo que no lo hagas a medias. Simplemente *entrénale*. "¡Habla, Roberto!" "¡Échate!" "¡Revuélcate!".

Por supuesto, las vas a pasar canutas. Este –pequeño descuido médico– es un *ser humano*. Más te vale lanzarte a fondo y hacer cuanto puedas para someterlo y que entre en apatía rápidamente. Una porra es lo mejor. Amarrarle dentro de un armario sin comida durante unos pocos días da bastante buen resultado. La táctica más recomendable, sin embargo, es simplemente usar con él una camisa de fuerza y manoplas hasta que esté tan dócil y estupidizado que no se le pueda entrenar más que en psicología como profesión. Te advierto que te va a costar mucho, te va a costar mucho porque el Hombre llegó a ser el rey de los animales simplemente porque no le pudieron derrotar como especie. Él no entra con facilidad en una apatía obediente como hacen los perros. Los *hombres* poseen *perros* porque los hombres son autodeterminados y los perros no.

La razón de que la gente empezase a confundir a los niños con perros y empezase a entrenar a los niños mediante la fuerza, radica en el campo de la psicología. El psicólogo trabajaba sobre los siguientes "principios":

"El Hombre es malvado".

"Al Hombre hay que entrenarlo para que sea un animal social".

"El Hombre tiene que adaptarse a su entorno".

Como estos postulados no son ciertos, la psicología no funciona. Y si alguna vez has visto a alguien hecho un desastre, es al hijo de un psicólogo profesional. La atención al mundo que nos rodea, en vez de los textos que alguien ideó después de haber leído los textos de algún otro, nos muestra la falacia de estos postulados.

La razón de que Scientology haga lo que hace es porque Scientology se basa en algunos postulados funcionales. La psicología ni siquiera sabía que tenías que tener postulados y axiomas para tener una ciencia; ni siquiera se dieron cuenta de que lo expuesto más arriba constituía su credo básico. Lo expuesto más arriba está formulado a partir de una inspección de sus enormes tomos.

La realidad es bien opuesta a las creencias previas.

La verdad reside en esta dirección.

El Hombre es básicamente bueno.

Sólo mediante una aberración grave se puede volver malvado al Hombre. El entrenamiento severo le vuelve insociable a la fuerza.

El Hombre tiene que retener su capacidad personal de adaptar su entorno a sí mismo para mantenerse cuerdo.

Un hombre es tan cuerdo y está tan a salvo como autodeterminado sea.

Al criar a tu niño, debes evitar "entrenarle" para que sea un animal social. Tu niño empieza por ser más sociable, más digno, de lo que lo eres tú. En un tiempo relativamente breve, el tratamiento que recibe le bloquea de tal modo que se rebela. Esta rebelión puede intensificarse hasta tal punto que sea un verdadero horror tenerlo cerca. Será ruidoso, desconsiderado, descuidado con las posesiones, sucio: en resumen, cualquier cosa que te moleste a ti. Entrénalo, contrólalo y perderás su amor. Habrás perdido para siempre al niño que tratas de controlar y poseer.

Deja que un niño se siente en tu regazo. Se sentará ahí, satisfecho. Ahora rodéale con tus brazos y oblígale a estarse ahí sentado. Haz esto aunque el niño ni siquiera esté intentando marcharse. Al instante, se retorcerá. Luchará por alejarse de ti. Se enfadará. Llorará.

Recuerda, estaba tan contento antes de que tú empezaras a sujetarle. Deberías realizar este experimento realmente.

Tus esfuerzos por moldear, entrenar, controlar al niño, le harán reaccionar, en general, exactamente como cuando intentas sujetarle en tu regazo.

Naturalmente, tendrás dificultades si a este niño tuyo ya se le ha entrenado, controlado, se le han dado órdenes y se le han negado sus propias posesiones. A mitad del vuelo, cambias de táctica. Intentas darle su libertad. Sospechará tanto de ti que lo pasará fatal intentando adaptarse. El período de transición será terrible. Pero al final tendrás un niño ordenado, bien entrenado, sociable, que es considerado contigo y, algo muy importante para ti, un niño que te quiere.

Al niño al que se coacciona, al que se lleva como a un corderito, al que se manipula y se controla, se le postula una ansiedad nefasta. Sus padres son entidades de supervivencia. Representan comida, ropa, cobijo, afecto. Esto significa que quiere estar cerca de ellos. Él quiere amarlos, naturalmente, pues es su hijo.

Pero por otro lado, sus padres son entidades antisupervivencia. *Todo su ser y su vida dependen del ejercicio de sus derechos para poder tomar sus propias decisiones respecto a sus movimientos, sus posesiones y su cuerpo.* Los padres tratan de interrumpir este proceso, debido a la idea errónea de que el niño es un idiota que no aprenderá a menos que se le "controle". Así que él tiene que huir del enemigo, luchar contra él, fastidiarlo y hostigarlo.

Aquí hay ansiedad: "Los quiero mucho. También los necesito. Pero constituyen una interrupción de mi capacidad, de mi mente, de mi vida potencial. ¿Qué voy a hacer con mis padres? No puedo vivir con ellos. No puedo vivir sin ellos. ¡Ay, Dios! ¡Ay, Dios!". Se queda ahí sentado, con su pelele puesto, dándole vueltas en la cabeza a este problema. Ese problema, esa ansiedad, le acompañará durante dieciocho años más o menos. Y prácticamente arruinará su vida.

Libertad para el niño significa libertad para ti.

Abandonar a su suerte las posesiones del niño significa seguridad a la larga para las posesiones del niño.

¡Qué terrible fuerza de voluntad se requiere de los padres para no estar dándole constantemente a un niño una sarta de instrucciones! ¡Qué agonía observar cómo van a estropearse sus posesiones! ¡Qué trastorno contenerse de ordenar su tiempo y su espacio!

¡Pero es necesario, si quieres que el niño se encuentre bien, esté contento, sea cuidadoso, encantador e inteligente!

Otra cosa es el asunto de la contribución. No tienes derecho a negarle a tu hijo el derecho a contribuir.

Un ser humano se siente capaz y competente en la medida en que se le permita contribuir tanto como lo que se le ha contribuido a él o más.

Un hombre puede contribuir de sobra y sentirse seguro en un entorno. Se siente inseguro en el momento en que contribuye de menos; es decir, da menos de lo que recibe. Si no lo crees, recuerda una ocasión en que todos los demás llevaron cosas a la fiesta pero tú no. ¿Cómo te sentiste?

Un ser humano se rebelará contra cualquier fuente que le contribuya más a él de lo que él le contribuya a ella y recelará de ella.

Los padres, naturalmente, contribuyen más a un niño de lo que el niño contribuye de vuelta. En cuanto el niño ve esto, se pone triste. Él procura aumentar su nivel de contribución. Si no lo consigue, se enfada con la fuente de la contribución. Empieza a detestar a sus padres. Ellos intentan contrarrestar esta rebelión contribuyendo más. El niño se rebela más. Es una mala espiral descendente porque el final de ella es que el niño entrará en apatía.

Tienes que dejar que el niño te contribuya a ti. No puedes ordenarle que contribuya. No puedes mandarle que corte el césped y luego pensar que eso es una contribución. Él tiene que resolver cuál es su contribución y entonces darla. Si no la ha elegido él, no es suya, sino sólo más control.

Un bebé contribuye intentando hacerte sonreír. El bebé hará monerías. Cuando sea algo mayor, bailará para ti, te traerá palitos, intentará repetir los movimientos que haces al trabajar, para ayudarte. Si no aceptas esas sonrisas, esos bailes, esos palitos, esos movimientos de trabajo, con el espíritu con que se dan, habrás empezado a interrumpir la contribución del niño. Entonces comenzará a ponerse ansioso. Hará cosas irreflexivas y extrañas con tus posesiones en un esfuerzo por "mejorarlas" para ti. Le regañas… y eso acaba con él.

Aquí aparece otro factor. Y son los *datos.* ¿Cómo es posible que un niño pueda saber con qué contribuirte a ti o a su familia u hogar si no tiene ni la menor idea de los principios funcionales por los que se rigen estas cosas?

Una familia es un grupo con la meta común de la supervivencia y el progreso del grupo. Al niño al que no se le permite contribuir o que no llega a comprender las metas y los principios funcionales de la vida familiar, se le deja al margen de la familia y a la deriva. Se le demuestra que no es parte de la familia porque no puede contribuir. Así que se vuelve antifamilia: el primer paso en el camino a ser antisocial. Derrama la leche, molesta a tus invitados y grita afuera de tu ventana "jugando". Incluso se pondrá malo para darte trabajo. Se le enseña a no ser nada al mostrársele que no es lo bastante poderoso para contribuir.

No puedes hacer otra cosa que aceptar las sonrisas, los bailes, los palitos del niño muy pequeño. Pero en cuanto un niño puede entender, se le debería contar todo sobre el funcionamiento de la familia.

¿Cuál es la fuente de sus dinerillos? ¿Cómo es que hay comida? ¿Ropa? ¿Una casa limpia? ¿Un coche?

Papi trabaja. Se deja las horas y los sesos y los músculos y por esto recibe dinero. El dinero, entregado en una tienda, compra comida. Al coche hay que cuidarlo por la escasez de dinero. Una casa tranquila y cuidar a Papi hacen que Papi trabaje mejor, y eso significa comida y ropa y coches.

La educación es necesaria porque uno se gana mejor la vida después de haber aprendido.

El juego es necesario para dar un motivo para el trabajo duro.

Dale el panorama completo. Si se ha estado rebelando, puede que siga rebelándose. Pero al final entrará en razón.

Ante todo, un niño necesita *seguridad.* Parte de esa seguridad es la comprensión. Parte de eso es un código de conducta que sea invariable. Lo que va contra la ley hoy no se puede ignorar mañana.

Puedes castigar realmente a un niño para defender tus derechos, siempre y cuando él posea lo que posee y pueda contribuirte y trabajar para ti.

Los adultos tienen derechos. Él debería saber esto. Un niño tiene como meta propia crecer. Si un adulto no tiene más derechos, ¿para qué crecer? ¿Quién demonios querría ser adulto en este año de nuestro Señor, de todas formas?

El niño tiene un deber hacia ti. Tiene que ser capaz de cuidarte. No una ilusión de que lo es, sino de verdad. Y tienes que tener paciencia para dejar que te cuide de forma chapucera hasta que, por pura experiencia (no por tus instrucciones), aprenda a hacerlo bien. ¿Cuidar del niño? Tonterías. Él seguramente tiene una mejor apreciación de las situaciones inmediatas de la que tú tienes, adulto hecho polvo. Sólo cuando esté casi psicótico con aberración, será un niño propenso a los accidentes.

Tú estás bien y disfrutas de la vida porque no te *poseen.* Tú *no podrías* disfrutar de la vida si te llevasen como un corderito y te poseyeran. Te rebelarías. Y si tu rebelión fuese sofocada, te convertirías en un subversivo. En esto conviertes a tu niño cuando lo posees, lo manejas y lo controlas.

Potencialmente, él está más cuerdo que tú, padre o madre, y el mundo es mucho más prometedor. Su sentido de los valores y la realidad es más agudo. No lo embotes. Y tu niño será un ser humano excelente, de estatura, tendrá éxito. Poséelo, contrólalo, dirígelo y recházalo, y recibirás el tratamiento que te mereces: rebelión subversiva.

Bueno, ¿vamos a tener un hogar feliz por aquí o no?

L. Ronald Hubbard

Sobre Cómo Llevarse Bien con los Demás

Dos Reglas Para una Vida Feliz • 173

¿Qué es Grandeza? • 181

Dos Reglas
Para una Vida Feliz

Scientology:
Un Nuevo Punto de Vista sobre la Vida

L. Ronald Hubbard

"Para ser feliz, sólo hay que ser capaz de
confrontar (es decir, experimentar)
aquellas cosas que existen."

SCIENTOLOGY:
UN NUEVO PUNTO DE VISTA SOBRE LA VIDA

DOS REGLAS PARA UNA VIDA FELIZ

1. *Sé capaz de experimentar cualquier cosa.*
2. *Causa sólo aquellas cosas que los demás puedan experimentar con facilidad.*

El Hombre ha tenido muchas reglas de oro. La regla budista de "Trata a los demás como te gustaría que te trataran a ti" se ha repetido a menudo en otras religiones. Pero estas reglas de oro, aunque sirvieron para elevar al Hombre por encima del animal, no resultaron en cordura, felicidad o éxito garantizados. Tal regla de oro únicamente da el punto-causa, o como mucho el punto-efecto reflejo. Esto es una cosa que uno se hace a sí mismo y tiende a ponerlo todo en causa obsesiva. No toma en consideración lo que uno hace con las cosas que otros, no instruidos de ese modo, le hacen a uno.

¿Cómo maneja uno las cosas malas que se le hacen a él? Eso no está en la regla budista. Aparecieron muchas respuestas aleatorias. Entre ellas están las respuestas de la Ciencia Cristiana (los efectos sobre uno no existen), las respuestas de los primeros cristianos (convertirse en mártir), las respuestas de los ministros cristianos (condenar todo pecado). Respuestas así a los efectos causados sobre uno producen un estado mental quc dc algún modo no llcga a ser muy cuerdo; por no mencionar la desdicha que producen.

Después de que tu hogar haya sido incendiado y tu familia incinerada, no es un gran consuelo (*a*) fingir que no ha ocurrido, (*b*) emular a Job o (*c*) condenar a todos los incendiarios.

En la medida en que alguien le tenga miedo a la violencia o sufra su efecto, recibirá violencia en contra suya. Cuando uno *puede* experimentar exactamente lo que se le está haciendo, ¡ah!, magia: ¡no sucede!

Cómo ser feliz en este universo es un problema que pocos profetas o sabios han osado contemplar directamente. Les encontramos "resolviendo" el problema de la felicidad asegurándonos que el Hombre está condenado a sufrir. Tratan de decirnos, no cómo ser felices, sino cómo soportar ser desdichados. Esta indolente presuposición de la imposibilidad de la felicidad nos ha llevado a ignorar cualquier examen real de las maneras de ser feliz. Así que hemos avanzado a tientas hacia una meta negativa: librémonos de toda la desdicha de la Tierra y lograríamos una Tierra en la que se podría vivir. Si una persona trata continuamente de librarse de algo, admite continuamente que no puede confrontarlo: y así todo el mundo empezó a ir de capa caída. La vida se convirtió en una espiral descendente de *más* cosas que no podíamos confrontar. Y así fuimos hacia la ceguera y la desdicha.

Para ser feliz, sólo hay que ser *capaz* de confrontar (es decir, experimentar) aquellas cosas que existen.

La desdicha es sólo esto: la incapacidad de confrontar aquello que es.

De ahí: 1. Sé capaz de experimentar cualquier cosa.

El lado efecto de la vida merece gran consideración. El lado de lo causado por uno mismo también merece examinarse.

Crear sólo aquellos efectos que otros podrían experimentar con facilidad nos da una regla completamente nueva para la vida. Pues si uno lo hace, entonces, ¿qué podría hacer que tuviera que ocultarle a los demás? No hay motivo para ocultar las acciones de uno ni para arrepentirse de ellas (que es lo mismo) si los demás las experimentan con facilidad.

Esta es una prueba (y definición) general de buena conducta: hacer sólo aquellas cosas que los demás puedan experimentar.

Si examinas la vida de una persona, encontrarás que sólo está atorada en aquellas acciones que hizo, que los demás no fueron capaces de recibir. De ahí que la vida de una persona pueda convertirse en una mezcolanza de violencia reprimida que atrae, entonces, la violencia causada por los demás.

Cuantas más acciones emanaran de una persona, que otros no pudieran experimentar, más empeoraría la vida de esa persona. Al reconocer que ella fue una causa nociva, o que ya había demasiadas causas nocivas, la persona dejó de causar cosas: un desdichado estado de ser.

El dolor, la emoción equivocada, la inconsciencia, la demencia, todo ello resulta de causarles a los demás cosas que estos no pudieron experimentar con facilidad.

Todos los actos malos, entonces, son los actos que no se pueden experimentar con facilidad en el extremo receptor.

De acuerdo a esta definición, revisemos nuestros propios "actos malos". ¿Cuáles *fueron* malos? Sólo los que otro no pudo experimentar con facilidad. Entonces, *¿cuáles* de los actos malos favoritos de la sociedad son malos? Los actos de verdadera violencia que resultan en dolor, inconsciencia, demencia y gran pérdida podrían, en este momento, considerarse malos. Bueno, ¿qué otros actos tuyos consideras "malos"? Las cosas que has hecho, que tú mismo no podrías experimentar con facilidad, fueron malas. Pero las cosas que has hecho, que tú mismo podrías haber experimentado si te las hubieran hecho, *no* fueron malas. ¡Eso sin duda cambia el punto de vista de uno sobre las cosas!

No hay necesidad de llevar una vida violenta sólo para demostrar que uno puede experimentar. La idea no es *demostrar* que uno puede experimentar, sino recuperar la *capacidad* de experimentar, (lo que se puede lograr con el procesamiento de Scientology).

Así que hoy en día tenemos dos reglas de oro para la felicidad:

1. Sé capaz de experimentar cualquier cosa; y

2. Causa sólo aquellas cosas que los demás puedan experimentar con facilidad.

Tu reacción a estas te dice cuánto tienes que avanzar todavía.

Y si lograras estas dos reglas de oro, serías una de las personas más felices y con mayor éxito de este universo; pues, ¿quién podría gobernarte con maldad?

¿Qué es Grandeza?

Scientology:
Un Nuevo Punto de Vista sobre la Vida

L. Ronald Hubbard

“Hace falta verdadera fortaleza para amar al Hombre. Y amarlo a pesar de todas las invitaciones a hacer lo contrario, de todas las provocaciones y de todas las razones por las que no deberíamos hacerlo.”

SCIENTOLOGY:
UN NUEVO PUNTO DE VISTA SOBRE LA VIDA

¿QUÉ ES GRANDEZA?

LA TAREA MÁS DURA que una persona puede afrontar es seguir amando a sus semejantes a pesar de todas las razones por las que no debería hacerlo.

Y el verdadero signo de cordura y grandeza es seguir haciéndolo.

Para aquel que puede lograr esto, hay esperanza en abundancia.

Para aquellos que no pueden, sólo hay penas, odio y desesperación. Y estas no son las cosas de las que están hechas la grandeza ni la cordura ni la felicidad.

Una de las principales trampas es ceder a las invitaciones a odiar.

Están aquellos que le nombran a uno su verdugo. A veces, para seguridad de los demás, es necesario actuar. Pero no es necesario odiarlos también.

Hacer la tarea propia sin enfurecerse con los que intentan obstaculizarle a uno es señal de grandeza… y de cordura. Y sólo entonces puede uno ser feliz.

Tratar de lograr cualquier cualidad concreta deseable en la vida es una cosa noble. La más difícil de lograr (y la más necesaria) es amar a nuestros semejantes a pesar de todas las invitaciones a hacer lo contrario.

Si existe alguna cualidad de santidad, no es la de perdonar. El "perdón" acepta la maldad del acto. No hay razón para aceptarla. Además, uno tiene que calificar como malo el acto para perdonarlo. El "perdón" es un nivel de acción mucho más bajo y es más bien una censura.

La verdadera grandeza simplemente se rehúsa a cambiar frente a las malas acciones en contra de uno; y una persona verdaderamente grande, ama a sus semejantes porque los comprende.

Después de todo, todos ellos se encuentran en la misma trampa. Algunos están completamente ajenos a ella, algunos se han vuelto locos debido a ella, algunos actúan como aquellos que los traicionaron. Pero todos, todos están en la misma trampa: los generales, los barrenderos, los presidentes, los dementes. Actúan como lo hacen porque todos ellos están sometidos a las mismas crueles presiones de este universo.

Algunos de nosotros estamos sometidos a esas presiones y aún seguimos haciendo nuestro trabajo. Otros han sucumbido hace mucho tiempo y desvarían, torturan y se pavonean como las almas enloquecidas que son.

Al menos podemos comprender el hecho concreto de que la grandeza no se deriva de guerras brutales o de ser conocido. Se deriva de ser fiel a tu propia decencia, de seguir ayudando a los demás sin importar lo que hagan, piensen o digan y, a pesar de todos los actos brutales contra uno mismo, perseverar sin cambiar tu actitud básica hacia el Hombre.

En esa medida, la verdadera grandeza depende de la sabiduría total. Actúan como lo hacen porque son lo que son: seres atrapados, aplastados bajo una carga intolerable. Y si se han vuelto locos por ello y ordenan la devastación de naciones enteras sin las debidas explicaciones, aún así, uno puede comprender por qué y puede comprender también el grado de su locura. ¿Por qué debería alguien cambiar y comenzar a odiar sólo porque otros se hayan descarriado y sus destinos sean demasiado crueles como para que los afronten?

La justicia, la clemencia, el perdón, carecen todos ellos de importancia frente a la capacidad de no cambiar ante la provocación o las exigencias de hacerlo.

Uno tiene que actuar, uno tiene que mantener el orden y la decencia. Pero no hace falta que odie ni busque venganza.

Es cierto que los seres son frágiles y cometen injusticias. El Hombre es básicamente bueno, pero el Hombre puede actuar mal.

Sólo actúa mal cuando sus actos, llevados a cabo para el orden y la seguridad de los demás, se hacen con odio. O cuando sus medidas disciplinarias están fundadas únicamente en la seguridad para él mismo sin tener en cuenta la de todos los demás; o peor aún, cuando actúa basándose sólo en un gusto por la crueldad.

No guardar ninguna clase de orden es un acto demente. Sólo hace falta mirar las posesiones y el entorno del demente para darse cuenta de esto. El capaz mantiene buen orden.

Cuando la crueldad en nombre de la disciplina domina una raza, a esa raza se la ha enseñado a odiar. Y esa raza está condenada.

La verdadera lección es aprender a amar.

Aquel que quisiera caminar ileso por el transcurso de sus días, tendría que aprender esto: a nunca usar lo que se le hace a uno como base para el odio. A no desear nunca venganza.

Hace falta verdadera fortaleza para amar al Hombre. Y amarlo a pesar de todas las invitaciones a hacer lo contrario, de todas las provocaciones y de todas las razones por las que no deberíamos hacerlo.

La felicidad y la fortaleza sólo perduran en ausencia del odio. Odiar, por sí solo, es el camino hacia el desastre. Amar es el camino hacia la fortaleza. Amar a pesar de todo es el secreto de la grandeza. Y muy posiblemente sea el secreto más grande de este universo.

L. Ronald Hubbard

Sobre el Comportamiento Humano

La Personalidad Antisocial • 191

La Personalidad Social • 203

La Ley del Tercer Partido • 215

La Personalidad Antisocial

Scientology:
Un Nuevo Punto de Vista sobre la Vida

L. Ronald Hubbard

"Es importante, entonces, examinar y enumerar los atributos de la Personalidad Antisocial. Influyendo como lo hace en la vida diaria de tantos, es necesario que la gente decente esté mejor informada sobre este tema."

LA PERSONALIDAD ANTISOCIAL

HAY CIERTAS características y actitudes mentales que ocasionan que aproximadamente el 20 por ciento de una raza se oponga violentamente a cualquier actividad o grupo de mejoramiento.

Se sabe que esas personas tienen tendencias antisociales.

Cuando la estructura legal o política de un país se transforma de tal manera que prefiere a personalidades así en puestos de confianza, entonces todas las organizaciones civilizadoras del país sufren supresión, y a esto le sigue una barbarie de criminalidad y opresión económica.

Los crímenes y los actos criminales son perpetrados por Personalidades Antisociales. Comúnmente, el origen del estado de los internos de instituciones mentales se halla en el contacto con personalidades así.

Por lo tanto, en los ámbitos del gobierno, actividades policiales y salud mental, por citar unos pocos, vemos que es importante poder detectar y aislar a este tipo de personalidad para proteger a la sociedad y a los individuos de las consecuencias destructivas que acompañan al hecho de darles rienda suelta a esas personas para dañar a los demás.

Dado que sólo comprenden el 20 por ciento de la población, y como sólo un dos y medio por ciento de este 20 por ciento son de verdad peligrosos, vemos que con muy poco esfuerzo podríamos mejorar considerablemente el estado de la sociedad.

Ejemplos muy conocidos, incluso estelares, de este tipo de personalidad son, por supuesto, Napoleón y Hitler. Dillinger, Pretty Boy Floyd, Christie y otros criminales famosos son ejemplos muy conocidos de la Personalidad Antisocial. Pero con semejante reparto de personajes en la historia, descuidamos los ejemplos menos estelares, y no percibimos que personalidades así existen en la vida real, son muy comunes y a menudo pasan desapercibidas.

Cuando buscamos la causa de que un negocio esté fracasando, inevitablemente descubriremos entre sus filas a la Personalidad Antisocial trabajando duro.

En las familias que se están desintegrando, comúnmente encontramos que una u otra de las personas implicadas tiene una personalidad así.

Cuando la vida se ha vuelto difícil y está fracasando, un cuidadoso examen del área, hecho por un observador entrenado, revelará a una o varias de estas personalidades en acción.

Dado que un 80 por ciento de nosotros trata de progresar, y sólo un 20 por ciento trata de impedirlo, nuestras vidas serían mucho más fáciles de vivir si estuviéramos bien informados respecto a las manifestaciones exactas de dicha personalidad. De esa manera, podríamos detectarla y ahorrarnos muchos fracasos y amarguras.

Es importante, entonces, examinar y enumerar los atributos de la Personalidad Antisocial. Influyendo como lo hace en la vida diaria de tantos, es necesario que la gente decente esté mejor informada sobre este tema.

ATRIBUTOS

La Personalidad Antisocial tiene los siguientes atributos:

1. Habla sólo en términos muy generales. *"Dicen..."*, *"Todo el mundo* piensa...", *"Todos* saben..." y expresiones así son de uso continuo, especialmente al difundir un rumor. Cuando se le pregunta: *"¿Quién* es todo el mundo...?", por lo general resulta que es una sola fuente, y que a partir de esa fuente la Persona Antisocial ha inventado lo que quiere hacer creer que es la opinión de toda la sociedad.

   Esto le parece natural, pues para ella toda la sociedad es una gran generalidad hostil, concretamente contra el Antisocial.

2. Una persona así trafica principalmente con malas noticias, observaciones críticas u hostiles, invalidación y supresión general.

   Antes se describía como "chismoso", o "pájaro de mal agüero" o "cizañero".

   Es destacable que una persona así nunca transmite buenas noticias u observaciones elogiosas.

3. La Personalidad Antisocial, cuando transmite un mensaje o una noticia, altera la comunicación para empeorarla. Detiene las buenas noticias y sólo transmite las malas, que a menudo adorna.

   Una persona así, también finge que está pasando "malas noticias" que en realidad son inventadas.

4. Una característica de la Personalidad Antisocial, y una de las cosas lamentables acerca de ella, es que no responde al tratamiento ni a la reforma ni a la psicoterapia.

5. Cerca de una personalidad así, vemos a compañeros o amigos acobardados o enfermos que, aun cuando no se vuelvan realmente locos, se conducen en la vida de manera incapaz, fracasando, sin triunfar.

   Esta gente le causa dificultades a los demás.

   Al tratar o educar a los compañeros íntimos de la Personalidad Antisocial, estos no tienen ninguna estabilidad en las ganancias, sino que recaen con rapidez o pierden las ventajas de su conocimiento, estando bajo la influencia supresiva de la otra persona.

Al tratar físicamente a estos compañeros, generalmente no se recuperan en el tiempo esperado, sino que empeoran y sus convalecencias son deficientes.

Es bastante inútil tratar, ayudar o entrenar a personas así mientras permanezcan bajo la influencia de la conexión antisocial.

La gran mayoría de dementes están dementes debido a estas conexiones antisociales y no se recuperan fácilmente por la misma razón.

Injustamente, muy pocas veces vemos realmente a la Personalidad Antisocial en un hospital psiquiátrico. Sólo sus "amigos" y su familia están ahí.

6. La Personalidad Antisocial elige habitualmente el blanco incorrecto.

   Si un neumático se pincha por conducir sobre clavos, él o ella maldice a un compañero o a algo que no es la fuente causante del problema. Si en la casa de al lado la radio está demasiado fuerte, él o ella le da una patada al gato.

   Si la causa obvia es A, la Personalidad Antisocial inevitablemente culpa a B o C o D.

7. El Antisocial no puede terminar un ciclo-de-acción.

   Las personas así acaban rodeadas de proyectos incompletos.

8. Muchas Personas Antisociales confiesan abiertamente los crímenes más alarmantes cuando se les obliga a hacerlo, pero no tienen el más mínimo sentido de responsabilidad acerca de estos.

   Sus acciones tienen poco o nada que ver con su propia voluntad; las cosas "simplemente sucedieron".

No tienen sentido alguno de la causa correcta y en especial, no pueden experimentar, por lo tanto, ninguna sensación de remordimiento o vergüenza.

9. La Personalidad Antisocial sólo apoya a grupos destructivos, y muestra enojo violento y ataca a cualquier grupo constructivo o de mejoramiento.

10. Este tipo de personalidad sólo aprueba acciones destructivas y lucha contra las acciones o actividades constructivas o de ayuda.

    A menudo se encuentra que el artista, en especial, es un imán para individuos con personalidades antisociales, que ven en su arte algo que tiene que destruirse, y encubiertamente, "como un amigo", proceden a intentarlo.

11. Ayudar a los demás es una actividad que casi enloquece a la Personalidad Antisocial. Sin embargo, colabora estrechamente en actividades que destruyen en nombre de la ayuda.

12. La Personalidad Antisocial tiene un sentido incorrecto de la propiedad, y piensa que la idea de que alguien posea algo es un pretexto inventado para engañar a la gente. En realidad, nada se posee nunca.

LA RAZÓN BÁSICA

La razón básica de que la Personalidad Antisocial se comporte como lo hace radica en un terror oculto a los demás.

Para una persona así, cualquier otro ser es un enemigo, un enemigo al que se debe destruir de forma encubierta o manifiesta.

La obsesión es que la supervivencia misma depende de "mantener a los demás oprimidos" o "mantener a la gente en la ignorancia".

Si alguien prometiera hacer a otros más fuertes o más inteligentes, la Personalidad Antisocial sufriría la angustia extrema del peligro personal.

Su razonamiento es que si tiene tantas dificultades con la gente que le rodea siendo esta débil o estúpida, perecería si alguien se hiciera más fuerte o inteligente.

Una persona así carece de confianza hasta el punto del terror. Generalmente esto está enmascarado y no se manifiesta.

Cuando una personalidad así se vuelve loca, el mundo está lleno de marcianos o agentes del FBI y cada persona con la que se encuentra es, en realidad, un marciano o un agente del FBI.

Pero la mayoría de estas personas no muestra señales externas de locura. Parecen bastante racionales. Pueden ser *muy* convincentes.

Sin embargo, la lista antes mencionada consta de características que una persona así no puede detectar en sí misma. Esto es tan cierto que si pensaste que te encontrabas en alguno de los puntos anteriores, sin duda no eres antisocial. La autocrítica es un lujo que el Antisocial no puede permitirse. Tienen que tener *razón* porque, según ellos, están en un peligro continuo. Si demostraras que uno de ellos estaba *equivocado,* podrías incluso hacer que se pusiera enfermo de gravedad.

Sólo la persona cuerda, bien equilibrada, trata de corregir su conducta.

ALIVIO

Si eliminaras de tu pasado a las Personas Antisociales que has conocido, y si luego te desconectaras de ellas, podrías experimentar un gran alivio.

De manera similar, si la sociedad reconociera a ese tipo de personalidad como a un ser enfermo, al igual que hoy en día aíslan al que tiene viruela, podrían darse recuperaciones tanto sociales como económicas.

No es muy probable que las cosas mejoren mucho mientras se permita que un 20 por ciento de la población domine y perjudique las vidas y el espíritu emprendedor del 80 por ciento restantes.

Como el estilo político a la orden del día es el gobierno por la mayoría, entonces debería expresarse en nuestras vidas diarias la cordura de la mayoría, sin la interferencia y la destrucción de los socialmente enfermos.

Lo lamentable de esto es que estas personas no permiten que se las ayude, y si se intentara hacerlo, no responderían al tratamiento.

La comprensión de estas personalidades y la capacidad de reconocerlas podría traer un cambio enorme a la sociedad y a nuestras vidas.

La Personalidad Social

Scientology:
Un Nuevo Punto de Vista sobre la Vida

L. Ronald Hubbard

“Como la sociedad funciona, prospera y vive únicamente mediante los esfuerzos de las Personalidades Sociales, es necesario conocerlas, pues son ellas, y no las Antisociales, las que valen la pena. Estas son las personas que deben tener derechos y libertad. Se presta atención a las Antisociales sólo para proteger y ayudar a las Personalidades Sociales de la sociedad.”

SCIENTOLOGY:
UN NUEVO PUNTO DE VISTA SOBRE LA VIDA

LA PERSONALIDAD SOCIAL

EL HOMBRE, INMERSO en sus preocupaciones, es propenso a las cacerías de brujas.

Todo lo que hay que hacer es designar a las "personas que llevan gorro negro" como los malos, y se puede empezar la masacre de personas con gorro negro.

Esta característica hace que sea muy fácil para la Personalidad Antisocial producir un entorno caótico o peligroso.

En su condición de ser humano, el hombre no es sereno ni valiente por naturaleza. Y no es necesariamente malvado.

Incluso la Personalidad Antisocial, a su retorcida manera, está absolutamente segura de que está actuando para lo mejor y normalmente se ve a sí misma como la única persona buena en los alrededores, haciendo todo para el bien de todos; con el único error en su razonamiento de que si uno mata a todos los demás, no queda nadie a quien proteger de los males imaginarios. Su *conducta* en su entorno y hacia sus semejantes es el único método para descubrir tanto a las Personalidades Antisociales como a las Sociales. Los motivos que tienen para sí mismas son similares: la autoconservación y la supervivencia. Simplemente abordan la tarea de conseguirlos de formas diferentes.

Por lo tanto, como el Hombre no es ni valiente ni sereno por naturaleza, cualquiera tiende, en cierto grado, a estar alerta contra las personas peligrosas y por lo tanto, las cacerías de brujas pueden comenzar.

Por eso resulta aún más importante identificar a la Personalidad Social que a la Personalidad Antisocial. Así se evita "fusilar" a los inocentes por mero prejuicio, antipatía o debido a alguna mala conducta momentánea.

Se puede definir con más facilidad a la Personalidad Social mediante la comparación con su opuesta, la Personalidad Antisocial.

Esta distinción se hace fácilmente, y jamás debería idearse ninguna prueba que aísle sólo al Antisocial. En la misma prueba deben aparecer tanto el nivel más elevado como el más bajo de las acciones del Hombre.

Una prueba que declare sólo Personalidades Antisociales sin poder identificar también a la Personalidad Social sería en sí una prueba supresiva. Sería como responder "sí" o "no" a la pregunta: "¿Todavía pegas a tu mujer?". Cualquiera que se sometiera a la prueba resultaría culpable. Aunque este mecanismo podría haber sido adecuado en los tiempos de la Inquisición, no se ajustaría a las necesidades modernas.

Como la sociedad funciona, prospera y vive *únicamente* mediante los esfuerzos de las Personalidades Sociales, es necesario conocerlas, pues son *ellas,* y no las Antisociales, las que valen la pena. Estas son las personas que deben tener derechos y libertad. Se presta atención a las Antisociales sólo para proteger y ayudar a las Personalidades Sociales de la sociedad.

Todos los gobiernos por la mayoría, las intenciones civilizadoras e incluso la especie humana, fracasarán a menos que uno pueda identificar y frustrar a las Personalidades Antisociales y ayudar y apoyar a las Personalidades Sociales de la sociedad. Porque la misma palabra "sociedad" implica conducta social, y sin esta no hay sociedad alguna, sólo una barbarie en la que todos los hombres, buenos o malos, están en riesgo.

El punto débil de enseñar cómo se puede reconocer a las personas dañinas es que estas pueden aplicar esas características a las personas decentes para hacer que se las persiga y erradique.

El canto del cisne de toda gran civilización es la melodía que tocan las flechas, las hachas o las balas que usa el Antisocial para asesinar a los últimos hombres decentes.

El gobierno sólo es peligroso cuando lo pueden emplear Personalidades Antisociales y para fines de Personalidades Antisociales. El resultado final es la erradicación de todas las Personalidades Sociales, y el derrumbamiento resultante de Egipto, Babilonia, Roma, Rusia o de Occidente.

Notarás, en las características de la Personalidad Antisocial, que la inteligencia no es una pista para descubrirla. Son inteligentes, estúpidas o de capacidad media. Por lo tanto, los que son extremadamente inteligentes pueden ascender a alturas considerables, incluso a la altura de jefe de estado.

La importancia y la capacidad o el deseo de ascender por encima de los demás tampoco son indicios de los Antisociales. Sin embargo, cuando llegan a ser importantes o a ascender, son bastante visibles por las amplias consecuencias de sus actos. Pero igualmente pueden ser personas sin importancia, o que ocupan cargos muy modestos y no desean nada mejor.

Así, las doce características presentadas son las únicas que identifican a la Personalidad Antisocial. Y estas doce, invertidas, son los únicos criterios de la Personalidad Social, si uno desea ser veraz respecto a ellas.

La identificación de una Personalidad Antisocial o la acción de ponerle la etiqueta como tal no se puede hacer con honestidad y exactitud a menos que en el mismo examen de la persona *también* revisemos el aspecto positivo de su vida.

Todas las personas bajo tensión pueden reaccionar con arranques momentáneos de conducta antisocial. Eso no las hace Personalidades Antisociales.

La verdadera Persona Antisocial tiene una mayoría de características antisociales.

La Personalidad Social tiene una mayoría de características sociales.

Así que se necesita examinar lo bueno con lo malo, antes de poder etiquetar verdaderamente al Antisocial o al Social.

Al revisar asuntos como estos, lo mejor es obtener testimonios y pruebas muy amplios. Uno o dos casos aislados no determinan nada. Debemos buscar todas y cada una de las doce características sociales y todas y cada una de las doce antisociales, y decidir basándonos en pruebas reales, no en opiniones.

Las doce características primarias de la Personalidad Social son las siguientes:

1. La Personalidad Social es concreta cuando relata circunstancias. "Pepe Pérez dijo...", "El periódico *La Estrella* informó...", y proporciona las fuentes de la información cuando es importante o posible.

   Puede usar la generalidad "ellos" o "la gente", pero raras veces en relación con la atribución de declaraciones u opiniones de carácter alarmante.

2. La Personalidad Social está ansiosa por transmitir buenas noticias, y se muestra poco dispuesta a transmitir las malas.

   Es posible que ni siquiera se moleste en transmitir alguna crítica cuando no tiene importancia.

Está más interesada en hacer que el otro sienta que los demás le tienen simpatía o aprecio más que antipatía y tiende más a errar tranquilizando que criticando.

3. Una Personalidad Social transmite la comunicación sin mucha alteración y, de omitir algo, tiende a omitir asuntos ofensivos.

   No le gusta herir los sentimientos de los demás. A veces yerra al retener malas noticias u órdenes que parecen críticas o crueles.

4. El tratamiento, la reforma y la psicoterapia –en particular de naturaleza leve– funcionan muy bien en la Personalidad Social.

   Aunque las Personas Antisociales a veces prometen reformarse, no lo hacen. Sólo la Personalidad Social puede cambiar o mejorar con facilidad.

   A menudo, es suficiente indicarle a una Personalidad Social una conducta indeseada para que la mejore por completo.

   No son necesarios los códigos penales ni el castigo violento para regular a las Personalidades Sociales.

5. Los amigos y compañeros de una Personalidad Social tienden a estar bien, a ser felices y a tener buen estado de ánimo.

   Una Personalidad Social verdadera muy a menudo produce una mejoría de salud o éxito con su sola presencia en el área.

   Por lo menos, no reduce los niveles existentes de salud o estado de ánimo de sus compañeros.

   Cuando se pone enferma, la Personalidad Social se cura o se recupera de la forma esperada y responde al tratamiento con buenos resultados.

6. La Personalidad Social tiende a seleccionar los objetivos correctos para su corrección.

   Arregla el neumático que está desinflado, en vez de golpear el parabrisas.

Por lo tanto, en las artes mecánicas puede reparar cosas y hacer que funcionen.

7. En general, la Personalidad Social termina los ciclos de acción una vez comenzados, siempre que sea posible.

8. La Personalidad Social se avergüenza de sus fechorías y está poco dispuesta a confesarlas. Se responsabiliza de sus errores.

9. La Personalidad Social apoya a los grupos constructivos y tiende a oponer resistencia a los grupos destructivos o a protestar contra ellos.

10. La Personalidad Social protesta contra las acciones destructivas. Apoya las acciones constructivas o de ayuda.

11. La Personalidad Social ayuda a los demás y se opone activamente a actos que los dañen.

12. Para la Personalidad Social, la propiedad pertenece a alguien, e impide o desaprueba el robo o abuso de ella.

LA MOTIVACIÓN BÁSICA

La Personalidad Social actúa, de forma natural, basándose en el mayor bien.

No la persiguen enemigos imaginarios, sino que reconoce a los enemigos verdaderos cuando existen.

La Personalidad Social quiere sobrevivir y desea que los demás sobrevivan, mientras que la Personalidad Antisocial, de manera real y encubierta, quiere que los demás sucumban.

Básicamente, la Personalidad Social quiere que los demás sean felices y que les vaya bien, mientras que la Personalidad Antisocial es muy hábil en hacer que a los demás les vaya realmente mal.

Su éxito no es un indicio básico de la Personalidad Social, sino sus motivaciones. Cuando tiene éxito, la Personalidad Social es, a menudo, el blanco de la Antisocial, y por esta razón puede fracasar. Pero sus intenciones incluían que otros tuvieran éxito, mientras que la Antisocial sólo valora con gran estima la ruina de los demás.

A menos que podamos descubrir a la Personalidad Social y mantenerla a salvo de la represión inmerecida, y podamos descubrir también a la Antisocial y refrenarla, nuestra sociedad continuará sufriendo por la demencia, la criminalidad y la guerra, y el Hombre y la civilización no perdurarán.

De todas nuestras destrezas técnicas, esa diferenciación está en el lugar más alto, ya que de fallar, ninguna otra destreza puede continuar; pues la civilización, que es la base sobre la que actúa, no estará aquí para darle continuidad.

No aplastes a la Personalidad Social; y no dejes de hacer ineficaz a la Antisocial en sus esfuerzos por dañar a los demás.

El simple hecho de que un hombre ascienda por encima de sus semejantes o asuma un puesto importante no hace de él una Personalidad Antisocial. El simple hecho de que un hombre pueda controlar o dominar a otros no hace de él una Personalidad Antisocial.

Lo que distingue al Antisocial del Social son sus motivos al hacerlo y las consecuencias de sus actos.

A menos que nos demos cuenta de las verdaderas características de los dos tipos de personalidad y las apliquemos, continuaremos viviendo en la incertidumbre de quiénes son nuestros enemigos, y al hacer esto, discriminaremos a nuestros amigos.

Todos los hombres han cometido actos de violencia u omisión por los que podrían ser censurados. En toda la Humanidad no existe un solo ser humano que sea perfecto.

Pero existen los que tratan de hacer el bien y los que se especializan en el mal y basándose en estos hechos y características, los puedes conocer.

La Ley del Tercer Partido

Scientology:
Un Nuevo Punto de Vista sobre la Vida

L. Ronald Hubbard

“No hay conflictos que no se puedan resolver, a menos que los verdaderos promotores de los mismos permanezcan ocultos.”

Scientology:
Un Nuevo Punto de Vista sobre la Vida

La Ley del Tercer Partido

DURANTE MUCHO TIEMPO he estudiado las causas de la violencia y el conflicto entre individuos y naciones.

Si Caldea pudo desvanecerse, si Babilonia pudo reducirse al polvo, si Egipto pudo convertirse en una tierra yerma, si Sicilia, que tuvo 160 ciudades prósperas, pudo convertirse en unas ruinas saqueadas antes del año cero y ser desde entonces casi un desierto, y todo esto *a pesar* de todo el trabajo y la sabiduría y los buenos deseos y las buenas intenciones de los seres humanos, tiene que deducirse entonces que, tan cierto como que la oscuridad sigue a la puesta de sol, tiene que haber algo desconocido para el Hombre en cuanto a todas sus obras y usanzas. Y que este algo tiene que ser tan mortífero y tan penetrante como para destruir todas sus ambiciones y sus posibilidades mucho antes de tiempo.

Ese algo tendría que ser alguna ley natural sobre la que no tiene ninguna noción.

Y *existe* una ley así, aparentemente, una ley que responde a estas condiciones de ser mortífera, desconocida y de abarcar todas las actividades.

La ley parecería ser:

UN TERCER PARTIDO HA DE ESTAR PRESENTE Y HA DE SER DESCONOCIDO, EN TODA DISPUTA, PARA QUE EXISTA UN CONFLICTO.

O

PARA QUE OCURRA UNA DISPUTA, UN TERCER PARTIDO DESCONOCIDO HA DE ESTAR ACTIVO PRODUCIÉNDOLA ENTRE LOS DOS OPONENTES POTENCIALES.

O

AUNQUE COMÚNMENTE SE PIENSA QUE SE REQUIEREN DOS PERSONAS PARA OCASIONAR UNA PELEA, HA DE EXISTIR UN TERCER PARTIDO Y ESTE HA DE DESARROLLARLA, PARA QUE TENGA LUGAR UN CONFLICTO DE VERDAD.

Es muy fácil ver que dos en conflicto se están peleando. Son muy visibles. Lo que es más difícil de ver o sospechar es que existió un Tercer Partido y que este promovió activamente la pelea.

El Tercer Partido normalmente insospechado y "lógico", el espectador que niega tener nada que ver con ello, *es* el que ha ocasionado que el conflicto exista en primer lugar.

Se descubrirá que el Tercer Partido oculto, que a veces parece apoyar sólo a una de las partes, es el instigador.

Esta es una ley útil en muchos aspectos de la vida.

Es la causa de la guerra.

Uno ve a dos individuos insultándose mutuamente, les ve llegar a las manos. No hay nadie alrededor. Así que *ellos,* por supuesto, son los que han "causado la pelea". Pero *había* un Tercer Partido.

Al rastrear estos, uno se encuentra con datos increíbles. Ese es el problema. Lo increíble se descarta demasiado fácilmente. Una forma de ocultar las cosas es hacerlas increíbles.

El oficinista A y el mensajero B han estado discutiendo. Estallan en conflicto abierto. Cada uno culpa al otro. *Ninguno de los dos tiene razón, y así la disputa no se resuelve, pues su verdadera causa no se ha determinado.*

Uno mira en un caso así *a fondo*. Encuentra lo increíble. La mujer del oficinista A ha estado acostándose con el mensajero B y quejándose a cada uno sobre el otro.

El granjero J y el ganadero K se han estado haciendo pedazos durante años de conflicto continuo. Hay razones obvias y lógicas para la pelea. Pero esta continúa y no se resuelve. Una investigación minuciosa descubre al banquero L que, debido a las pérdidas de aquéllos en la pelea, puede prestarle dinero a ambos bandos, mientras que hace que la pelea siga, y que al final se quedará con todas sus tierras si los dos pierden.

También se produce a mayor escala. Las fuerzas revolucionarias y el gobierno ruso estaban en conflicto en 1917. Las razones son tantas que la atención se queda fácilmente fija en ellas. Pero sólo cuando se obtuvieron los papeles oficiales de estado de Alemania en la Segunda Guerra Mundial, se reveló que *Alemania* había promovido la rebelión y financiado a Lenin para que la iniciara, ¡incluso mandándole a Rusia en un tren de incógnito!

Cuando se examinan las peleas "personales", los conflictos de grupos, las batallas entre naciones, se encuentra, si se investiga, el Tercer Partido, del que ninguno de los dos combatientes sospechaba o, de haber existido alguna sospecha, esta se había descartado como "fantástica". Sin embargo, documentación detallada finalmente lo ratifica.

Este dato es fabulosamente útil.

En las peleas matrimoniales, el enfoque *correcto* por parte de cualquiera que esté asesorando es hacer que las dos partes busquen cuidadosamente el *Tercer* Partido. Al principio puede que lleguen a muchas *razones*. Estas *razones* no son *seres*. Se está buscando un Tercer *Partido,* un *ser* real. Cuando ambos encuentren el Tercer Partido y tengan la prueba, eso acabará con la pelea.

A veces dos partes que se están peleando de repente deciden elegir a alguien a quien echarle la culpa. Esto detiene la pelea. A veces no es el ser correcto y de ahí en adelante las peleas continúan.

Dos naciones que estuvieran enzarzadas violentamente deberían procurar conferenciar o dialogar entre sí para entresacar y localizar al verdadero Tercer Partido. Siempre encontrarán uno, si miran, y *pueden* descubrir el correcto. Pues se descubrirá que de hecho existe.

Hay probablemente muchos enfoques técnicos que uno podría desarrollar y esbozar en este asunto.

Hay muchos fenómenos extraños conectados con él. Cuando se localiza a un Tercer Partido de forma precisa, por lo general ninguna de las partes entabla una lucha contra él en absoluto, sino que sólo se le vuelve la espalda.

Los conflictos matrimoniales son comunes. Los matrimonios se pueden salvar si las dos partes realmente determinan *quién* causó los conflictos. Puede que hayan existido (en todo el historial del matrimonio) varios, pero sólo uno a la vez.

Las peleas entre un individuo y una organización casi siempre están causadas por un Tercer Partido individual o por un tercer grupo. La organización y el individuo deberían reunirse y aislar al Tercer Partido mostrándose mutuamente todos los datos que se les ha dado a cada uno.

Tanto los participantes en disturbios como los gobiernos podrían ponerse de acuerdo otra vez si se pudiera conseguir que representantes de ambos bandos se confiaran mutuamente lo que se les ha contado y *quién* se lo dijo.

Tales reuniones han tendido a tratar sólo acerca de recriminaciones, condiciones o abusos. Deben tratar únicamente acerca de seres, para que tengan éxito.

Se podría pensar que esta teoría también afirma que no hay malas condiciones que causen conflicto. Sí las hay. Pero normalmente estas *se pueden remediar por medio de una reunión, a menos que un Tercer Partido esté promoviendo el conflicto.*

En la historia tenemos una opinión muy adulterada del pasado porque esta está relatada basada en las recriminaciones de dos oponentes, sin haber localizado el Tercer Partido.

"Las causas subyacentes" a la guerra debería interpretarse como "los promotores ocultos".

No hay conflictos que no se puedan resolver, a menos que los verdaderos promotores de los mismos permanezcan ocultos.

Esta es la ley natural que ni los antiguos, ni los modernos, conocían.

Y al no conocerla, siendo desviadas hacia "razones", civilizaciones enteras han perecido.

Vale la pena conocerla.

Vale la pena trabajar con ella en cualquier situación en la que uno esté tratando de traer paz.

L. Ronald Hubbard

Sobre la Honestidad y la Ética

La Gente Honesta Tiene Derechos, También • 227

•

Ética, Justicia y las Dinámicas • 227

La Gente Honesta Tiene Derechos, También

Scientology:
Un Nuevo Punto de Vista sobre la Vida

L. Ronald Hubbard

“El día en que podamos confiar plenamente los unos en los otros, habrá paz sobre la Tierra.”

LA GENTE HONESTA TIENE DERECHOS, TAMBIÉN

DESPUÉS DE QUE HAYAS alcanzado un elevado nivel de capacidad, serás el primero en insistir en tu derecho a vivir con gente honesta.

Cuando conoces la tecnología de la mente, sabes que es un error usar los "derechos individuales" y la "libertad" como argumentos para proteger a aquellos que sólo destruirían.

Los derechos individuales no se originaron para proteger a los criminales, sino para proporcionar libertad a los hombres honestos. Dentro de esta área de protección es donde se lanzaron entonces aquellos que necesitaban "libertad" y "libertad individual" para encubrir sus propias actividades sospechosas.

La libertad es para las personas honestas. Ningún hombre que no sea honesto puede ser libre; él es su propia trampa. Cuando sus propias acciones no se pueden revelar, es entonces un preso; tiene que ocultarse de sus semejantes y es un esclavo de su propia conciencia. La libertad se tiene que merecer antes de que cualquier libertad sea posible.

Proteger a personas deshonestas es condenarlas a sus propios infiernos. Al hacer de los "derechos individuales" un sinónimo de "proteger al criminal" se ayuda a crear un estado de esclavos para todos; porque donde se abusa de la "libertad individual" surge con ello una intranquilidad que a la larga se nos lleva a todos por delante. Los blancos de todas las leyes disciplinarias son los pocos que yerran. Tales leyes, desafortunadamente, también dañan y restringen a quienes no yerran. Si todos fueran honestos, no habría amenazas disciplinarias.

Sólo hay un camino de salida para la persona deshonesta: encarar sus propias responsabilidades en la sociedad y volverse a poner en comunicación con sus semejantes, con su familia y con el mundo en general. Al intentar invocar sus "derechos individuales" para protegerse de una inspección de sus actos, reduce, exactamente en esa medida, el futuro de la libertad individual: porque ella misma no es libre. Sin embargo, infecta a otros que son honestos al usar el derecho *de ellos* a la libertad para protegerse a sí misma.

La cabeza del que tiene una conciencia culpable no descansa tranquila. Y no descansará más tranquila tratando de proteger las malas acciones con alegatos de que "la libertad significa que nunca debes mirarme". El derecho de una persona a sobrevivir está directamente relacionado con su honestidad.

La libertad del Hombre no significa libertad para perjudicar al Hombre. La libertad de expresión no significa libertad para dañar con mentiras.

El Hombre no puede ser libre mientras existan a su alrededor quienes sean esclavos de sus propios terrores.

La misión de una sociedad tecnoespacial es subordinar y controlar al individuo con coacción económica y política. La única víctima en una era de la máquina es el individuo y su libertad.

Para preservar esa libertad, uno no debe permitir que los hombres oculten sus intenciones malignas bajo la protección de esa libertad. Para que un hombre sea libre, debe ser honesto consigo mismo y con sus semejantes. Si un hombre usa su propia honestidad para protestar contra el desenmascaramiento de la deshonestidad, entonces ese hombre es un enemigo de su propia libertad.

Podemos permanecer a la luz del Sol sólo en la medida en que no permitamos que las acciones de los demás traigan la oscuridad.

La libertad es para los hombres honestos. La libertad individual sólo existe para aquellos que tienen la capacidad de ser libres.

Hoy en día, en Scientology, sabemos quién es el carcelero: la persona misma. Y podemos restaurar su derecho a permanecer a la luz del Sol erradicando el mal que los hombres se hacen a sí mismos.

¿Quién castigaría cuando pudiese salvar? Sólo un loco rompería un objeto deseado cuando pudiera repararlo, y nosotros no estamos locos.

El individuo no debe perecer en esta era de la máquina, haya derechos o no haya derechos. El criminal y el loco no deben triunfar con sus instrumentos de destrucción recién descubiertos.

La persona menos libre es la que no puede revelar sus propios actos y que protesta por la revelación de los actos inapropiados de los demás. Sobre este tipo de personas se construirá una esclavitud política futura, en la que todos tendremos un número –y nuestra culpa– a menos que actuemos.

Es fascinante que el chantaje y el castigo sean característicos de todas las operaciones oscuras. ¿Qué ocurriría si estas dos cosas ya no existieran? ¿Qué ocurriría si todos los hombres fueran lo bastante libres como para hablar? Entonces, y sólo entonces, tendrías libertad.

El día en que podamos confiar plenamente los unos en los otros, habrá paz sobre la Tierra.

Ética, Justicia y las Dinámicas

Scientology:
Un Nuevo Punto de Vista sobre la Vida

L. Ronald Hubbard

“Si el Hombre tan sólo conociera la simple tecnología de Ética, podría lograr para sí el amor propio, la satisfacción personal y el éxito que sólo cree ser capaz de soñar, no de lograr.”

Ética, Justicia y las Dinámicas

Todo ser tiene una capacidad infinita para sobrevivir. Lo bien que llegue a lograrlo depende de lo bien que use la ética en sus dinámicas*.

La Tecnología de Ética existe para el individuo.

Existe para darle al individuo una forma de aumentar su supervivencia y así liberarse a sí mismo de la espiral descendente de la cultura actual.

LA ÉTICA

El tema completo de la ética es un tema que, con la sociedad en el estado en que se encuentra actualmente, ha llegado casi a perderse.

De hecho, la ética consiste en racionalidad hacia el más alto nivel de supervivencia para el individuo, la raza futura, el grupo, la Humanidad y las demás dinámicas tomadas colectivamente.

La ética es razón.

El arma más poderosa del Hombre es su razón.

* Véase *Las Ocho Dinámicas* en este libro.

El nivel más alto de ética serían conceptos de supervivencia a largo plazo con destrucción mínima, a lo largo de todas las dinámicas.

La solución óptima a cualquier problema sería aquella solución que produjera los mayores beneficios al mayor número de dinámicas. La peor solución sería aquella solución que produjera el mayor daño al mayor número de dinámicas.

Las actividades que aportaran un mínimo de supervivencia a un menor número de dinámicas y dañaran la supervivencia de un mayor número de dinámicas no se podrían considerar actividades racionales.

Una de las razones de que esta sociedad esté muriéndose y todo lo demás, es que ha llegado a estar demasiado fuera-de-ética. La conducta racional y las soluciones óptimas han dejado de usarse hasta un punto en que la sociedad está en vías de extinción.

Con *fuera-de-ética* queremos decir una acción o situación en la que el individuo está involucrado, o algo que el individuo hace, que va en contra de los ideales, los mejores intereses y la supervivencia de sus dinámicas.

Que un hombre desarrolle un arma capaz de destruir toda la vida en este planeta (como en el caso de las armas atómicas y ciertas drogas ideadas por el ejército) y la ponga en manos de políticos criminalmente dementes, obviamente no es un acto de supervivencia.

Que el gobierno provoque y cree activamente la inflación hasta tal punto que la depresión sea una verdadera amenaza para los individuos de esta sociedad, es una acción antisupervivencia por no decir algo peor.

Esto llega a ser una chifladura tal, que en una de las sociedades del Pacífico Sur, el infanticidio se convirtió en una pasión dominante. Había un suministro limitado de alimento y querían mantener bajo el índice de natalidad. Comenzaron a usar el aborto, y si esto no daba resultado mataban a los niños. Su Segunda Dinámica se vino abajo. Esa sociedad prácticamente ha desaparecido.

Estos son actos calculados para ser destructivos y dañinos para la supervivencia de la gente de la sociedad.

La ética son las medidas que el individuo toma consigo mismo para alcanzar la supervivencia óptima para sí mismo y para los demás en todas las dinámicas. Las acciones éticas son acciones de supervivencia. Sin el uso de la ética no sobreviviremos.

Sabemos que el Principio Dinámico de la Existencia es: ¡SOBREVIVE!

A primera vista eso puede parecer demasiado básico. Puede parecer demasiado simple. Cuando uno piensa en la supervivencia, está propenso a cometer el error de pensar en términos de "lo estrictamente necesario". Eso no es supervivencia. La supervivencia es una escala graduada, con el infinito o la inmortalidad en la parte superior y la muerte y el dolor en la parte inferior.

EL BIEN Y EL MAL, LO CORRECTO Y LO INCORRECTO

Hace años descubrí y demostré que el Hombre es básicamente bueno. Esto significa que la personalidad básica y las intenciones básicas del individuo hacia sí mismo y hacia los demás son buenas.

Cuando una persona se descubre a sí misma cometiendo demasiados actos dañinos contra las dinámicas, se convierte en su propio verdugo. Esto nos da la prueba de que el Hombre es básicamente bueno. Cuando se descubre a sí mismo cometiendo demasiadas maldades, entonces, ya sea causativamente, inconscientemente o inadvertidamente, el Hombre pone la ética dentro en sí mismo destruyéndose, y acaba consigo mismo sin ayuda de nadie más.

Esta es la razón de que el criminal deje pistas en el escenario del crimen, de que las personas desarrollen extrañas enfermedades que les imposibilitan y de que se provoquen accidentes a sí mismos e incluso decidan tener un accidente. Cuando violan su propia ética, comienzan a decaer. Esto lo hacen por sí mismos, sin que nadie más haga nada.

El criminal que deja pistas tras él, lo hace con la esperanza de que aparezca alguien que le impida continuar dañando a los demás. Él es *básicamente* bueno y no quiere dañar a los demás. Y al carecer de la capacidad de detenerse completamente a sí mismo, trata de poner la ética dentro en sí mismo haciéndose encarcelar para así no poder cometer más crímenes.

De manera similar, la persona que se imposibilita con una enfermedad o se involucra en un accidente, está poniendo la ética dentro en sí misma reduciendo su capacidad de dañar y puede que incluso alejándose totalmente del entorno que ha estado dañando. Cuando tiene intenciones malignas, cuando está siendo "intencionalmente malvada", aún sigue teniendo un impulso de detenerse a sí misma también. Trata de suprimirlas y cuando no puede hacerlo directamente, lo hace indirectamente. El mal, la enfermedad y la decadencia a menudo van de la mano.

El Hombre es básicamente bueno. Es básicamente bienintencionado. No quiere ni dañarse a sí mismo ni a los demás. Cuando un individuo daña a las dinámicas, se destruirá a sí mismo en un esfuerzo por salvar a esas dinámicas. Esto se puede demostrar y se ha demostrado en innumerables casos. Es este hecho lo que prueba que el Hombre es básicamente bueno.

Sobre esta base, tenemos los conceptos de correcto e incorrecto.

Cuando hablamos de ética, estamos hablando de conducta correcta e incorrecta. Estamos hablando del bien y el mal.

Se puede considerar que el bien es cualquier acción constructiva de supervivencia. Resulta que no puede haber ninguna construcción sin alguna pequeña destrucción, al igual que se debe derribar el destartalado bloque de pisos con el fin de hacer sitio para el nuevo edificio de apartamentos.

Para que algo sea bueno, debe contribuir al individuo, a su familia, a sus hijos, a su grupo, a la Humanidad o a la vida. Para que algo sea bueno, debe contener construcción que supere la destrucción que contenga. Una nueva cura que salva cien vidas y mata una es una cura aceptable.

El bien es supervivencia. El bien es tener más razón que lo equivocado que se esté. El bien es tener más éxito que fracaso en cuestiones constructivas.

Las cosas que complementan la supervivencia del individuo, su familia, su prole, su grupo, la Humanidad, la vida y el MEST, son buenas.

Los actos que son más beneficiosos que destructivos en estas dinámicas, son buenos.

El mal es lo opuesto al bien, y es cualquier cosa que sea más destructiva que constructiva en cualquiera de las diversas dinámicas. Algo que causa más destrucción que construcción es maligno desde el punto de vista del individuo, la raza futura, el grupo, la especie, la vida o el MEST que destruye.

Cuando un acto es más destructivo que constructivo es maligno. Es fuera-de-ética. Cuando un acto ayuda a sucumbir más de lo que ayuda a la supervivencia, es un acto maligno en la medida en que destruye.

El bien, lisa y llanamente, es supervivencia. La conducta ética es supervivencia. La conducta maligna es antisupervivencia. La construcción es buena cuando fomenta la supervivencia. La construcción es maligna cuando inhibe la supervivencia. La destrucción es buena cuando mejora la supervivencia.

Un acto o conclusión es correcto en la medida en que fomenta la supervivencia del individuo, la raza futura, el grupo, la Humanidad o la vida que llega a la conclusión. Tener completamente razón sería sobrevivir hasta el infinito.

Un acto o conclusión es incorrecto en la medida en que es antisupervivencia para el individuo, la raza futura, el grupo, la especie o la vida responsable de realizar el acto o de llegar a la conclusión.

Lo más equivocada que una persona puede estar en la Primera Dinámica es muerta.

El individuo o grupo que, por término medio, está más en lo correcto que en lo incorrecto (puesto que estos términos no son absolutos, ni mucho menos) debería sobrevivir. Un individuo que, por término medio, está más en lo incorrecto que en lo correcto, sucumbirá.

Aunque no podría existir la corrección absoluta ni la incorrección absoluta, una acción correcta dependería de que ayudara a la supervivencia de las dinámicas directamente involucradas, una acción incorrecta impediría la supervivencia de las dinámicas involucradas.

Veamos ahora cómo encajan estos conceptos de correcto e incorrecto en nuestra sociedad actual.

Esta es una sociedad agonizante. La ética es algo que ha llegado a estar tan fuera y que se comprende tan poco, que esta cultura va camino de sucumbir a una velocidad peligrosa.

Una persona no se va a reanimar, esta sociedad no va a sobrevivir, a menos que la Tecnología de Ética se comprenda bien y se aplique.

Cuando vemos la inflación, la crisis del petróleo, la corrupción del gobierno, la guerra, el crimen, la demencia, las drogas, la promiscuidad sexual, etc., estamos viendo una cultura en vías de extinción. Este es el resultado directo de que los individuos no apliquen la ética a sus dinámicas.

Esto en realidad comienza con la ética individual.

La conducta deshonesta es antisupervivencia. Cualquier cosa que produzca la destrucción de los individuos o de los grupos o inhiba el futuro de la especie, es irracional o maligna.

El que una persona mantenga su palabra cuando esta se ha dado solemnemente, es un acto de supervivencia, puesto que entonces se le tendrá confianza, pero sólo mientras mantenga su palabra.

Para el débil, para el cobarde, para el censurablemente irracional, los tratos deshonestos y clandestinos, perjudicar a los demás y frustrar sus esperanzas, parecen ser la única forma de conducirse en la vida.

La conducta no ética es en realidad la conducta de la destrucción y el miedo. Las mentiras se dicen porque uno tiene miedo de las consecuencias si dijera la verdad. Los actos destructivos por lo general se hacen por miedo. Así pues, el mentiroso es inevitablemente un cobarde, y el cobarde es inevitablemente un mentiroso.

La mujer sexualmente promiscua, el hombre que falta a la palabra dada a un amigo, el pervertido insaciable, se dedican todos a asuntos tan antisupervivencia que la degradación y la desdicha son parte fundamental e inseparable de su existencia.

Es probable que a algunos les parezca completamente normal y perfectamente bien vivir en una sociedad sumamente degradada, llena de criminales, drogas, guerra y demencia, en la que nos encontramos ante una amenaza constante de aniquilación total de la vida en este planeta.

Bueno, permíteme decirte que esto no es normal y no es necesario. *Es* posible llevar vidas felices y productivas sin que los individuos tengan que preocuparse de si les van a robar o no si salen a la calle, o de si Rusia va a declarar la guerra a los Estados Unidos. Es una cuestión de ética. Es simplemente una cuestión de que los individuos apliquen la ética a sus vidas y tengan sus dinámicas en comunicación y sobreviviendo.

LOS PRINCIPIOS MORALES

Ahora tenemos la ética como supervivencia. Pero ¿qué hay de cosas como los principios morales, los ideales, el amor? ¿No están estas cosas por encima de la "mera supervivencia"? No, no lo están.

Las novelas románticas y la televisión nos enseñan que el héroe siempre vence y que el bien siempre triunfa. Pero parece ser que el héroe no siempre vence y que el bien no siempre triunfa.

Adoptando una perspectiva más limitada, podemos ver que la maldad triunfa por todas partes a nuestro alrededor. La verdad del asunto es que tarde o temprano la maldad va a perder. Uno no puede ir por la vida convirtiendo en víctimas a sus semejantes sin acabar de otra forma que no sea atrapado: siendo la víctima él mismo.

No obstante, uno no observa esto en el curso normal de la vida. Uno ve que los granujas tienen éxito por doquier, amasando dinero de manera evidente, desollando vivos a sus semejantes, beneficiándose de los fallos de los tribunales y llegando a gobernar a los hombres.

Si uno no observa la consecuencia final de esto, que está ahí precisamente con tanta seguridad como que el Sol sale y se pone, uno comienza a creer que el mal triunfa, aunque se le haya enseñado que sólo triunfa el bien. Esto puede hacer que la persona misma experimente un fracaso y, de hecho, puede causar su perdición.

En cuanto a los ideales, a la honestidad, al amor que uno tiene por su prójimo, uno no puede encontrar una buena supervivencia para sí mismo ni para muchos cuando estas cosas están ausentes.

El criminal no sobrevive bien. El criminal medio pasa la mayor parte de su madurez enjaulado como si fuera una bestia salvaje y vigilado por los rifles de buenos tiradores que le impiden escapar.

A un hombre conocido por su honestidad se le recompensa con supervivencia: buenos trabajos, buenos amigos. Y el hombre que tiene sus ideales, independientemente de cuánto se le pueda persuadir para que los abandone, sobrevive bien sólo en la medida en que sea fiel a esos ideales.

¿Alguna vez has visto a un médico que, motivado por el beneficio personal, comienza a atender secretamente a criminales o a traficar con drogas? Ese médico no sobrevive mucho después de abandonar sus ideales.

Los ideales, los principios morales, la ética, son todos parte de esta forma de entender la supervivencia. Uno sobrevive mientras sea fiel a sí mismo, a su familia, a sus amigos, a las leyes del universo. Cuando falla en cualquier aspecto, su supervivencia se reduce.

En los diccionarios modernos, encontramos que la *ética* se define como "principios morales", y que los *principios morales* se definen como "ética". Estas dos palabras *no* son intercambiables.

Los *principios morales* deberían definirse como un código de buena conducta establecido por la experiencia de la humanidad para servir como criterio uniforme para la conducta de los individuos y los grupos.

Los principios morales son en realidad leyes.

El origen de un código moral se produce cuando se descubre, mediante experiencia real, que cierto acto es más antisupervivencia que prosupervivencia. La prohibición de este acto entra entonces a formar parte de las costumbres de la gente y puede a la larga convertirse en una ley.

A falta de mayores poderes de razonamiento, los códigos morales, siempre y cuando proporcionen una supervivencia mejor para su grupo, son una parte vital y necesaria de cualquier cultura.

No obstante, los principios morales se convierten en una carga onerosa y se protesta contra ellos cuando se vuelven anticuados. Y aunque la rebelión contra los principios morales pueda tener como objetivo expreso el hecho de que el código ya no es tan pertinente como lo era en su día, las rebeliones contra los códigos morales generalmente ocurren porque los individuos del grupo o el grupo en sí se han vuelto fuera-de-ética hasta tal punto que desean practicar el libertinaje contra estos códigos morales, no porque los códigos en sí sean irrazonables.

Si un código moral fuera completamente racional, se podría considerar, al mismo tiempo, completamente ético. Pero sólo en este nivel superior se podría decir que los dos son lo mismo.

Lo máximo en cuanto a razón es lo máximo en cuanto a supervivencia.

La conducta ética incluye la adhesión a los códigos morales de la sociedad en que vivimos.

JUSTICIA

Cuando un individuo no consigue aplicar la ética en sí mismo y no consigue actuar de acuerdo a los códigos morales del grupo, la justicia entra en acción.

En general, la gente no se da cuenta de que el criminal no sólo es antisocial, sino que también es anti-sí-mismo.

Una persona que está fuera-de-ética, que tiene sus dinámicas fuera de comunicación, es un criminal potencial o activo, pues continuamente perpetra crímenes contra las acciones prosupervivencia de otros. El *crimen* podría definirse como la reducción del nivel de supervivencia a lo largo de cualquiera de las ocho dinámicas.

La justicia se usa cuando el propio comportamiento fuera-de-ética y destructivo del individuo comienza a afectar demasiado seriamente a otros.

En una sociedad regida por criminales y controlada por una policía incompetente, los ciudadanos identifican reactivamente cualquier acción o símbolo de justicia con la opresión.

Pero tenemos una sociedad llena de gente que no se aplica la ética a sí misma, y a falta de verdadera ética, uno no puede vivir con los demás y la vida resulta lamentable. Por lo tanto tenemos la justicia, que se desarrolló para proteger al inocente y al decente.

Cuando un individuo no consigue aplicarse la ética a sí mismo ni actuar de acuerdo a los códigos morales, la sociedad toma medidas de justicia contra él.

La justicia, aunque por desgracia no se puede dejar en manos del Hombre, tiene como intención y propósito básicos la supervivencia y el bienestar de aquellos a quienes sirve. No obstante, la justicia no sería necesaria si tuvieras individuos lo bastante cuerdos y éticos para no intentar cercenar la supervivencia de los demás.

La justicia se usaría hasta que la ética propia de la persona la convirtiera en compañía adecuada para sus semejantes.

LA ÉTICA, LA JUSTICIA Y TU SUPERVIVENCIA

En el pasado, el tema de la ética en realidad no se ha mencionado demasiado. La justicia sí que se mencionó, sin embargo. Los sistemas de justicia se han usado durante mucho tiempo como sustitutivo de los sistemas de ética. Pero cuando tratas de reemplazar la ética por la justicia, te metes en dificultades.

El Hombre no ha tenido un auténtico medio funcional de aplicarse la ética a sí mismo. Los temas de la ética y de la justicia han estado terriblemente aberrados.

Ahora hemos puesto en orden la tecnología de la Ética y de la Justicia. Este es el único camino de salida que tiene el Hombre en este tema.

La gente ha estado intentando poner su ética dentro durante eones sin saber cómo. La ética evolucionó con los intentos del individuo de obtener una supervivencia continua.

Cuando una persona hace algo fuera-de-ética (daña su supervivencia y la de los demás), intenta enmendar este daño. Por lo general acaba simplemente hundiéndose en un cave-in. *(Cave-in* significa un colapso mental y/o físico hasta el punto en que el individuo no puede funcionar de manera causativa).

Ellos se causan un cave-in porque, en un esfuerzo por refrenarse a sí mismos e impedirse a sí mismos cometer más actos dañinos, comienzan a retirarse y a apartarse del área que han dañado. Una persona que hace esto se vuelve cada vez menos capaz de influir sobre sus dinámicas y así se convierte en víctima de estas. Se observa aquí el hecho de que uno tiene que haberle hecho a otras dinámicas esas cosas que ahora estas parecen tener el poder de hacerle a él. Por lo tanto está en posición de ser dañado y pierde el control. De hecho, puede convertirse en una nulidad en cuanto a influencia y en un imán para las dificultades.

Esto se produce porque la persona no tiene la tecnología básica de Ética. Nunca se le ha explicado. Nadie le dijo jamás cómo podía salir del atolladero en que ella misma se había metido. Esta tecnología ha permanecido completamente desconocida.

Así que la persona ha acabado sumida en el vertedero.

La ética es uno de los instrumentos primarios que una persona usa para desenterrarse.

Sepa o no cómo hacerlo, toda persona intentará desenterrarse. No importa quién sea o lo que haya hecho, va a intentar poner su ética dentro, de una forma u otra.

Incluso en los casos de Hitler y Napoleón, hubieron tentativas de auto-restricción. Es interesante, al observar las vidas de esta gente, lo concienzudamente que trabajaron hacia la autodestrucción. La autodestrucción es su intento de aplicarse la ética a sí mismos. Trabajaron en esta autodestrucción en varias dinámicas. No pueden poner la ética dentro en sí mismos, no pueden refrenarse de hacer estos actos dañinos, así que se castigan a sí mismos. Se dan cuenta de que son criminales y ellos mismos se causan cave-in.

Todos los seres son básicamente buenos y tratan de sobrevivir lo mejor que pueden. Tratan de poner la ética dentro en sus dinámicas.

La ética y la justicia se desarrollaron y existen para ayudar al individuo en su impulso hacia la supervivencia. Existen para mantener las dinámicas en comunicación. La tecnología de Ética es la auténtica tecnología de la supervivencia.

Las dinámicas de un individuo estarán en comunicación en la medida en que él esté aplicando la ética a su vida. Si uno conoce la Tecnología de Ética y la aplica a su vida, puede mantener las dinámicas en comunicación y aumentar continuamente su supervivencia.

Para eso existe la ética: para que podamos sobrevivir como queremos sobrevivir, por medio de tener nuestras dinámicas en comunicación.

La ética no se debe confundir con la justicia. La justicia se usa sólo después de que el individuo haya fracasado en usar la ética consigo mismo. Teniendo la ética personal dentro en las dinámicas, la justicia desaparece como un asunto de gran importancia. Ahí es donde logras un mundo sin crimen.

Un hombre que le roba a su patrón tiene su Tercera Dinámica fuera de comunicación con respecto a su Primera Dinámica. Va camino de una condena a prisión o, en el mejor de los casos, camino del desempleo, que no es lo que uno llamaría supervivencia óptima en la Primera y Segunda Dinámicas (por no mencionar el resto). Es probable que crea que al robar está mejorando su supervivencia; sin embargo, si conociera la tecnología de Ética, se daría cuenta de que está dañándose a sí mismo y a otros, y que sólo acabará sumiéndose más en el vertedero.

El hombre que miente, la mujer que engaña a su marido, el adolescente que toma drogas, el político que está involucrado en tratos deshonestos, todos ellos están cavando su propia tumba. Están dañando su propia supervivencia al tener sus dinámicas fuera de comunicación y no aplicar la ética a sus vidas.

Puede que te sorprenda, pero un corazón limpio y unas manos limpias son la única manera de lograr felicidad y supervivencia. El criminal nunca tendrá éxito a menos que se reforme; el embustero nunca será feliz ni estará satisfecho consigo mismo hasta que empiece a tratar con la verdad.

La solución óptima para cualquier problema que presente la vida, sería la que llevara a un aumento de la supervivencia en la mayoría de las dinámicas.

Vemos así que es necesario un conocimiento de la ética para la supervivencia.

El conocimiento y la aplicación de la ética son el camino de salida de la trampa de la degradación y el dolor.

Todos y cada uno de nosotros podemos alcanzar la felicidad y una supervivencia óptima para nosotros mismos y para los demás usando la Tecnología de Ética.

QUÉ PASA SI LAS DINÁMICAS SE VAN FUERA-DE-ÉTICA

Es importante recordar que estas dinámicas comprenden la vida. No funcionan individualmente sin interacción con las demás dinámicas.

La vida es un esfuerzo de grupo. Nadie sobrevive solo.

Si una dinámica se va fuera-de-ética, queda fuera de comunicación (en mayor o menor medida) con respecto a las demás dinámicas. Para permanecer en comunicación, las dinámicas deben permanecer con la ética dentro.

Tomemos el ejemplo de una mujer que se ha apartado completamente de la Tercera Dinámica. No quiere tener nada que ver con ningún grupo ni con la gente de su ciudad. No tiene amigos. Se queda encerrada en su casa todo el día, pensando (con alguna idea descarriada de independencia o individualidad) que está sobreviviendo mejor en su Primera Dinámica. En realidad ella es bastante desdichada y solitaria, y vive atemorizada de los demás seres humanos. Para aliviar su desdicha y su aburrimiento, comienza a tomar sedantes y tranquilizantes, a los que se vuelve adicta, y luego comienza también a beber alcohol.

Está ocupada "resolviendo" su dilema con más acciones destructivas. Puedes ver cómo ha hecho que su Primera, Segunda y Tercera Dinámicas estén fuera de comunicación. Está destruyendo activamente su supervivencia en sus dinámicas. Estas acciones son fuera-de-ética en extremo, y no sería de extrañar que al final se quitara la vida con la mortífera combinación de sedantes y alcohol.

O tomemos al hombre que está cometiendo actos destructivos en el trabajo. No es necesario que estos actos sean grandes, pueden ser tan sencillos como llegar tarde al trabajo, no hacer un trabajo tan profesional en cada producto como de lo que él es capaz, estropear el equipo u ocultarle cosas a su patrón. No tiene que dedicarse abiertamente a la destrucción total de la empresa, para saber que está cometiendo actos dañinos.

Ahora, a medida que pasa el tiempo, este hombre se encuentra a sí mismo yéndose cada vez más fuera-de-ética. Siente que debe esconder más y más, y no sabe cómo detener esta espiral descendente. Es muy posible que nunca se le haya ocurrido siquiera que podría detenerla. Carece de la tecnología de Ética. Es probable que no se dé cuenta de que sus acciones están haciendo que sus dinámicas se salgan fuera de comunicación.

Esto puede afectar a sus demás dinámicas de varias maneras. Es probable que sea un poco desdichado y, puesto que es básicamente bueno, se sentirá culpable. Llega a casa por la noche y su mujer dice alegremente: "¿Qué tal te fue hoy?", y él se encoge un poco y se siente peor. Comienza a beber para mitigar la desdicha. Está fuera de comunicación con su familia. Está fuera de comunicación en su trabajo. Su rendimiento en el trabajo empeora. Comienza a descuidarse a sí mismo y sus pertenencias. Ya no disfruta de la vida. Su vida feliz y satisfactoria se le escapa entre las manos. Como no conoce la Tecnología de Ética y no la aplica a su vida ni a sus dinámicas, la situación se sale fuera de su control en buena medida. Sin darse cuenta, se ha convertido en efecto de su propio fuera-de-ética. A menos que enderece su vida usando la ética, morirá indudablemente siendo un hombre desdichado.

Ahora te pregunto: ¿qué clase de vida es esa? Por desgracia, es demasiado común en nuestros días.

La ética de una persona no puede irse fuera en una dinámica sin que esto tenga consecuencias desastrosas en sus otras dinámicas.

Es realmente muy trágico, y la tragedia se agrava por el hecho de ser tan innecesaria. Si el Hombre tan sólo conociera la simple tecnología de Ética, podría lograr para sí el amor propio, la satisfacción personal y el éxito que sólo cree ser capaz de soñar, no de lograr.

El Hombre busca la supervivencia. La supervivencia se mide en placer. Eso significa, para la mayoría de los hombres, felicidad, autoestima, la satisfacción personal de un trabajo bien hecho y éxito. Un hombre puede tener dinero, puede tener muchas posesiones personales, etc., pero no será feliz a menos que realmente tenga su ética dentro y sepa que consiguió esas cosas con honestidad. Esos ricos políticos y criminales financieros no son felices. Puede que el hombre común les envidie por su riqueza, pero son gente muy desdichada que la mayoría de las veces acaba fatal con la adicción a las drogas o al alcohol, el suicidio o algún otro medio de autodestrucción.

Echemos un vistazo al fuera-de-ética actual tan y tan habitual en la Segunda Dinámica. Por lo general, se considera que este comportamiento es perfectamente aceptable.

Es fácil ver cómo el fuera-de-ética en la Segunda Dinámica afecta a las demás dinámicas.

Digamos que tenemos a una mujer joven que tiene un matrimonio más o menos feliz y decide tener una aventura con su jefe, quien resulta ser un buen amigo de su marido. Esto es muy claramente fuera-de-ética, y también va contra la ley, aunque un número sorprendente de gente encontraría aceptable esta clase de comportamiento o, a lo sumo, ligeramente censurable.

No obstante, este es un acto muy destructivo. Ella sentirá culpa, se sentirá falsa y desdichada porque sabe que ha cometido un acto negativo contra su marido. Sin duda, su relación con él sufrirá, y puesto que su jefe está experimentando algo muy parecido en su casa, ella y su jefe comenzarán a sentirse mal el uno con el otro a medida que empiezan a culparse mutuamente de su desgracia. Sus dinámicas acaban bastante enredadas y fuera de comunicación. Ella se sentirá desdichada en su Primera Dinámica, pues ha abandonado su propio código moral. Su Segunda Dinámica estará fuera de comunicación y puede que incluso comience a criticar a su marido y que empiece a sentir antipatía hacia él. La situación en el trabajo es tensa, pues ella ahora ha perdido la comunicación con su jefe y sus compañeros de trabajo. Su jefe ha echado a perder su relación y amistad con el marido de ella. Ella está tan embrollada en estas tres dinámicas, que quedan totalmente fuera de comunicación con respecto a su Cuarta, Quinta y Sexta Dinámicas. Todo esto es el resultado de que la ética se vaya fuera en una única dinámica.

Las repercusiones se extienden insidiosamente por todas las dinámicas.

Nuestra supervivencia se asegura sólo mediante nuestro conocimiento y aplicación de la ética a nuestras dinámicas para mantenerlas en comunicación.

Con la ética, podemos alcanzar supervivencia y felicidad para nosotros mismos y para el planeta Tierra.

L. Ronald Hubbard

Para Concluir

La Verdadera Historia de Scientology

Scientology:
Un Nuevo Punto de Vista sobre la Vida

L. Ronald Hubbard

"Así que la verdadera historia de Scientology es una historia simple. Y demasiado cierta como para verse tergiversada."

SCIENTOLOGY:
UN NUEVO PUNTO DE VISTA SOBRE LA VIDA

LA VERDADERA HISTORIA DE SCIENTOLOGY

LA VERDADERA HISTORIA de Scientology es sencilla, concisa y directa. Se relata rápidamente:

1. Un filósofo desarrolló una filosofía acerca de la vida y la muerte.
2. La gente la encuentra interesante.
3. La gente encuentra que funciona.
4. La gente se la transmite a otros.
5. Crece.

Cuando examinamos este relato extremadamente preciso y muy breve, vemos que en nuestra civilización tiene que haber algunos elementos muy perturbadores para que se crea cualquier otra cosa sobre Scientology.

Estos elementos perturbadores son los Mercaderes del Caos. Comercian con la confusión y el trastorno. Se ganan el pan diario creando caos. Si el caos disminuyera, lo mismo le sucedería a sus ingresos.

El político, el reportero, el galeno, el fabricante de drogas, el militarista y el fabricante de armas, el policía y el empresario de pompas fúnebres, por nombrar a los que encabezan la lista, se forran sólo a base del "entorno peligroso". Incluso los individuos y los familiares pueden ser Mercaderes del Caos.

Tienen interés en hacer que el entorno parezca lo más amenazador posible, pues sólo entonces pueden tener beneficio. Sus ingresos, fuerza y poder suben en proporción directa a la cantidad de amenaza que puedan introducir en los alrededores de la gente. Con esa amenaza pueden arrancar con extorsión recaudaciones, asignaciones presupuestarias, mayores tiradas y recompensas sin dar explicaciones. Son los Mercaderes del Caos. Si no lo generaran y lo compraran y lo vendieran serían, creen ellos, pobres.

Por ejemplo, hablamos a la ligera de la "buena prensa". ¿Hay tal cosa hoy en día? Examina un periódico. ¿Hay algo *bueno* en la primera plana? Más bien hay asesinatos y muertes repentinas, desacuerdos y catástrofes. Y aun a eso, malo como es, todavía se le hace sensacionalismo, para hacer que parezca peor.

Esta es la fabricación fría y cruel de un "entorno peligroso". La gente no necesita estas noticias, y si las necesitara, necesitaría los hechos, no la perturbación. Pero si golpeas a una persona con bastante fuerza, se puede hacer que entregue dinero. Esa es la fórmula básica de la extorsión. Así es como se venden periódicos. El impacto los hace perdurar.

Un periódico tiene que tener caos y confusión. Un "artículo periodístico" ha de tener "conflicto", dicen ellos. Así que no hay buena prensa. Sólo hay *mala* prensa acerca de todo. Anhelar "buena prensa" es una insensatez en una sociedad en la que reinan los Mercaderes del Caos.

Mira lo que tiene que hacérsele a la verdadera historia de Scientology para "convertirla en un artículo periodístico" según los estándares de la prensa moderna. Se tiene que introducir conflicto donde no lo hay. Por lo tanto, la prensa tiene que inventarse trastorno y conflicto.

Tomemos la primera línea. ¿Cómo se convierte en un conflicto? "1. Un filósofo desarrolla una filosofía sobre la vida y la muerte".

El Mercader del Caos *tiene* que introducir aquí uno de los diversos conflictos posibles: él no es un filósofo, tienen que afirmar. Nunca son lo bastante atrevidos del todo como para decir que no es una filosofía. Pero pueden continuar, y continúan interminablemente, pues su propósito les compele, en un intento de invalidar la identidad de la persona que la desarrolla.

De hecho, quien desarrolló la filosofía estaba muy versado en temas académicos y en las humanidades; probablemente más versado, sólo en filosofía formal, que los profesores de filosofía de las universidades. El esfuerzo de un solo hombre es increíble en términos de horas de estudio e investigación, y es un récord al que nadie se ha acercado, que se tenga memoria; pero esto no se consideraría noticiable. Escribir el simple hecho de que un filósofo había desarrollado una filosofía, no es una noticia de tipo periodístico y no perturbaría el entorno. De ahí, las elaboradas noticias ficticias sobre el punto (1) anterior.

Tomemos entonces la segunda parte de la verdadera historia. "La gente la encuentra interesante". Sería muy extraño que no fuera así, ya que todo individuo se hace estas preguntas acerca de sí mismo y busca las respuestas a su propio beingness (la identidad o el papel que ha asumido), y la verdad básica de las respuestas es observable en las conclusiones de Scientology.

Sin embargo, para hacer que esto sea "noticia" hay que hacerlo perturbador. Se pinta a las personas como "secuestradas" o "hipnotizadas" y "arrastradas como víctimas involuntarias" a que lean libros o escuchen.

El Mercader del Caos deja el punto (3) totalmente en paz. Es terreno peligroso para él. "La gente encuentra que funciona". La prensa jamás vincularía el menor rastro de funcionalidad con Scientology, aunque en la mente de la prensa no hay duda de que *sí* funciona. Por eso es peligrosa: calma el entorno. Así que, cualquier tiempo empleado en convencer a la prensa de que Scientology funciona, es tiempo empleado en trastornar a un reportero.

En el punto "4. La gente la transmite a otros", la prensa se siente traicionada. Nadie debería creer nada que no leyera en los periódicos. ¡¿Cómo se atreve a existir la difusión de boca en boca?! Así que para impedir que la gente escuche, el Mercader del Caos tiene que usar palabras como "secta". Eso es "un grupo cerrado", mientras que Scientology es el grupo más abierto de la Tierra para cualquiera. Y tienen que atacar a las organizaciones y a su gente para tratar de mantener a la gente fuera de Scientology.

Ahora, en cuanto al "5. Crece", tenemos la verdadera objeción.

Según avanza la verdad, las mentiras mueren. La destrucción total de las mentiras es un acto que le quita de la boca el pan nuestro de cada día al Mercader del Caos. A menos que pueda mentir con delirante desenfreno acerca de lo malo que es todo, cree que se morirá de hambre.

El mundo simplemente *no* debe ser un lugar mejor, según el Mercader del Caos. Si la gente estuviera menos alterada, menos machacada por sus entornos, no habría nuevas asignaciones presupuestarias para la policía ni para los ejércitos ni para los grandes cohetes y no habría ni siquiera peniques para una prensa alarmantemente sensacionalista.

En la medida en que los políticos asciendan a base de escándalo, la policía obtenga más paga por más crimen y los galenos se forren todavía más a base de que exista más enfermedad, habrá Mercaderes del Caos. Se les paga por ello.

Y la amenaza para ellos es la simple historia de Scientology. Pues esa es la verdadera historia. Y tras su progreso hay un entorno más calmado en el que un hombre puede vivir y sentirse mejor. Si no lo crees, simplemente deja de leer los periódicos durante dos semanas, y mira si te sientes mejor. ¿Qué pasaría si se resolvieran todas esas perturbaciones?

La pena es, desde luego, que incluso el Mercader del Caos nos necesita, no para forrarse aún más, sino simplemente para vivir él mismo como ser.

Así que la verdadera historia de Scientology es una historia simple.

Y demasiado cierta como para verse tergiversada.

L. Ronald Hubbard

Epílogo

Mi Filosofía · 271

Mi Filosofía

Scientology:
Un Nuevo Punto de Vista sobre la Vida

L. Ronald Hubbard

"He visto la vida de arriba abajo y de abajo arriba. Sé qué aspecto tiene en ambos sentidos. Y sé que hay sabiduría y que hay esperanza."

SCIENTOLOGY:
UN NUEVO PUNTO DE VISTA SOBRE LA VIDA

MI FILOSOFÍA

EL TEMA de la filosofía es muy antiguo. La palabra significa "el amor, estudio o búsqueda de la sabiduría, o del conocimiento de las cosas y de sus causas, ya sea teórico o práctico".

Todo lo que sabemos de la ciencia o de la religión proviene de la filosofía. Se encuentra en el trasfondo y está por encima de cualquier otro conocimiento que tengamos o usemos.

Considerada durante mucho tiempo como un tema reservado para las salas del saber y para el intelectual, el tema se le ha negado al hombre de la calle a un grado excepcional.

Rodeada de capas protectoras de erudición impenetrable, la filosofía ha estado reservada a unos pocos privilegiados.

El primer principio de mi propia filosofía es que la sabiduría es para todo aquel que desee alcanzarla. Es sirviente del plebeyo y del rey por igual y nunca se la debería contemplar con temor reverente.

Los eruditos egoístas rara vez perdonan a alguien que trate de derribar los muros de misterio y dejar que entre la gente. Will Durant, el moderno filósofo americano, fue relegado al montón de los desperdicios por sus colegas eruditos cuando escribió un libro popular sobre el tema, *Historia de la Filosofía*. Así pues, las diatribas se cruzan en el camino de cualquiera que intente hacer llegar la sabiduría a la gente por encima de las objeciones del "círculo íntimo".

El segundo principio de mi propia filosofía es que se tiene que poder aplicar.

El saber, encerrado en libros enmohecidos, es de poca utilidad para nadie y, por lo tanto, de ningún valor a menos que pueda usarse.

El tercer principio es que cualquier conocimiento filosófico es valioso solamente si es cierto o si funciona.

Estos tres principios son tan extraños al campo de la filosofía que yo le he dado un nombre a mi filosofía: *Scientology*. Este sólo quiere decir "saber cómo saber".

Una filosofía sólo puede ser una *ruta* hacia el conocimiento. No puede ser conocimiento que se hace tragar embutiéndolo por el gaznate a la fuerza. Si uno tiene una ruta, puede entonces encontrar lo que es verdad para él. Y eso es Scientology.

Conócete a ti mismo... y la verdad te hará libre.

Por lo tanto, en Scientology no estamos interesados en acciones y diferencias individuales. Sólo estamos interesados en mostrarle al Hombre cómo puede liberarse a sí mismo.

Por supuesto, esto no es muy popular entre aquellos que dependen de la esclavitud de los demás para su propia subsistencia o poder. Pero resulta ser el único camino que he encontrado que mejora realmente la vida del individuo.

La supresión y la opresión son las causas básicas de la depresión. Si las alivias, una persona puede levantar la cabeza, recuperarse, llegar a ser feliz en la vida.

Y aunque pueda ser impopular entre los esclavistas, es muy popular entre la gente. Al Hombre común le gusta ser feliz y estar bien.

Le gusta ser capaz de entender las cosas. Y sabe que su ruta hacia la libertad se encuentra a través del conocimiento.

Por consiguiente, desde 1950 he tenido a la Humanidad llamando a mi puerta. No ha importado dónde o en qué remoto lugar haya vivido yo. Desde que publiqué por primera vez un libro* sobre el tema, mi vida ya no me ha pertenecido.

Me gusta ayudar a los demás, y considero como mi mayor placer en la vida ver a alguien liberarse de las sombras que oscurecen sus días.

Estas sombras le parecen tan densas y le oprimen tanto que cuando encuentra que *son* sombras y que puede ver a través de ellas, caminar a través de ellas y estar de nuevo a la luz del sol, se siente enormemente dichoso. Y me temo que yo me siento tan dichoso como él.

He visto mucha miseria humana. De muy joven, vagué por Asia y vi la agonía y la miseria de tierras superpobladas y de un nivel educativo ínfimo. He visto a gente desentenderse de hombres moribundos en las calles y pasar por encima de ellos. He visto a niños que eran poco menos que harapos y huesos. Y en medio de esta pobreza y degradación, encontré lugares sagrados en donde la sabiduría era magnífica, pero donde se ocultaba cuidadosamente y se daba a conocer sólo como superstición. Posteriormente, en las universidades occidentales, vi al Hombre obsesionado con la materialidad; y le vi esconder, con toda su astucia, la poca sabiduría que realmente tenía en aulas siniestras, y hacerla inaccesible para el hombre común y menos privilegiado. He pasado por una guerra terrible y he visto su terror y dolor pasar sin ser aliviado por una simple palabra de decencia o humanidad. No he vivido una vida enclaustrada, y desprecio al sabio que no ha *vivido* y al erudito que no quiere compartir.

Ha habido muchos hombres más sabios que yo, pero pocos han recorrido tanto camino.

* *Dianética: El Poder del Pensamiento sobre el Cuerpo*, publicado en mayo de 1950.

He visto la vida de arriba abajo y de abajo arriba. Sé qué aspecto tiene en ambos sentidos. Y sé que *hay* sabiduría y que hay esperanza.

Ciego, con los nervios ópticos lesionados, y lisiado con lesiones físicas en la cadera y la espalda, al final de la Segunda Guerra Mundial encaraba un futuro casi inexistente. Mi hoja de servicio declaraba: "Este oficial no tiene tendencias neuróticas ni psicóticas de ningún tipo en absoluto"; pero también declaraba: "Incapacitado físicamente de forma permanente". Y así llegó un golpe más; mi familia y mis amigos me abandonaron como un lisiado supuestamente sin remedio, y una carga probable para ellos durante el resto de mis días. Sin embargo, me abrí camino de vuelta hacia la buena forma física y la fuerza en menos de dos años, usando sólo lo que sabía y podía determinar sobre el Hombre y su relación con el universo. No tenía a nadie que me ayudara; lo que necesitaba saber lo tuve que descubrir. Y es toda una papeleta estudiar cuando no puedes ver. Me acostumbré a que se me dijera que todo era imposible, que no había manera, que no había esperanza. Sin embargo, llegué a ver otra vez y a caminar otra vez, y construí una vida completamente nueva. Es una vida feliz, una vida activa, y espero que útil. Mis únicos momentos de tristeza son aquellos que llegan cuando los fanáticos les dicen a los demás que todo está mal y que no hay ninguna ruta en ningún sitio, que no hay esperanza en ninguna parte, nada salvo tristeza, monotonía y desolación, y que todo intento de ayudar a los demás es falso. Yo sé que no es verdad.

Así que mi propia filosofía es que uno debería compartir la sabiduría que tenga; uno debería ayudar a los demás a que se ayuden a sí mismos, y uno debería seguir adelante a pesar del mal tiempo, pues siempre hay una calma adelante. Uno también debería hacer caso omiso de los abucheos del intelectual egoísta que grita: "No reveles el misterio. Guárdalo todo para nosotros. La gente no puede entender".

Pero, como no he visto nunca que la sabiduría haga ningún bien cuando se guarda para uno mismo, y como me gusta ver felices a los demás, y como encuentro que la inmensa mayoría de la gente puede entender, y *entiende,* seguiré escribiendo y trabajando y enseñando mientras exista.

Pues no conozco a ningún hombre que tenga monopolio alguno sobre la sabiduría de este universo. Le pertenece a aquellos que pueden usarla para ayudarse a sí mismos y a los demás.

Si se conocieran y se comprendieran las cosas un poco mejor, todos llevaríamos vidas más felices.

Y hay un camino para conocerlas y *hay* un camino hacia la libertad.

Lo antiguo tiene que dar paso a lo nuevo, la falsedad tiene que ser desenmascarada por la verdad, y la verdad, aunque se la combata, siempre prevalece al final.

Apéndice

Estudio Adicional · 281

Guía de los Materiales · 288

Direcciones · 290

Glosario Editorial de
Palabras, Términos y Frases · 295

Índice Temático · 341

Estudio Adicional

Libros y Conferencias de L. Ronald Hubbard

Los materiales de Dianética y Scientology componen el corpus más grande de información jamás reunido sobre la mente, el espíritu y la vida, rigurosamente perfeccionado y sistematizado por L. Ronald Hubbard durante cinco décadas de búsqueda, investigación y desarrollo. Los resultados de ese trabajo están contenidos en cientos de libros y más de 3.000 conferencias grabadas. En cualquier iglesia u organización de publicaciones de Scientology, se puede conseguir una lista y descripción completas de todas ellas, incluidas las ediciones traducidas disponibles en tu idioma (véase la ***Guía de los Materiales*** en la página 288).

Dianética es un precursor y subestudio de Scientology. En las páginas siguientes están los libros y conferencias recomendados para principiantes. Aparecen en la secuencia en que Ronald los escribió o las impartió. No es la menor ventaja del estudio cronológico de estos libros y conferencias la inclusión de las palabras y términos que, cuando fueron usados originalmente, fueron definidos con considerable exactitud por LRH. A través de un estudio secuencial, puedes ver cómo progresó el tema y no sólo obtener una mayor comprensión, sino aplicarlo a tu vida.

Tu siguiente libro es *Scientology: Los Fundamentos del Pensamiento.*

Este es el camino a *saber cómo saber,* que abre las puertas a un mejor futuro para *ti*. Viaja por él y descúbrelo.

Libros y Conferencias de Dianética.

Dianética: La Tesis Original • La *primera* descripción de Dianética por Ronald. Originalmente estuvo en circulación en forma de manuscrito, fue copiado rápidamente y se pasó de mano en mano. Al correrse la voz por ello se creó tal demanda de información adicional que Ronald concluyó que la única manera de responder a las preguntas era con un libro. Ese libro fue Dianética: El Poder del Pensamiento sobre el Cuerpo, que ahora es el libro de autoayuda más vendido de todos los tiempos. Descubre qué lo comenzó todo. Pues estos son los cimientos sólidos de los descubrimientos de Dianética: los *Axiomas Originales*, el *Principio Dinámico de la Existencia*, la *Anatomía de la Mente Analítica* y de la *Mente Reactiva*, *las Dinámicas*, la *Escala Tonal*, el *Código del Auditor* y la primera descripción de un *Clear*. Aún más, estas son las leyes primarias que describen *cómo* y *por qué* funciona la auditación. Sólo se encuentra aquí, en Dianética: La Tesis Original.

Dianética: La Evolución de una Ciencia • Este es el relato de *cómo* Ronald descubrió la mente reactiva y desarrolló los procedimientos para deshacerse de ella. Escrito originalmente para una revista nacional, publicado para que coincidiera con la publicación de Dianética: El Poder del Pensamiento sobre el Cuerpo, inició un movimiento que se extendió como un reguero de pólvora, casi de la noche a la mañana, tras la publicación de ese libro. Aquí se encuentran, pues, tanto los fundamentos de Dianética como el único informe del periplo de descubrimientos de Ronald durante dos décadas y de cómo aplicó la metodología científica para desentrañar los misterios y problemas de la mente humana. Y de ahí, la culminación de una búsqueda de 10.000 años del Hombre.

Dianética: El Poder del Pensamiento sobre el Cuerpo • El inesperado acontecimiento que inició un movimiento mundial. Pues aquí está el libro de Ronald que marcó un hito, presentando su descubrimiento de la *mente reactiva* que subyace al Hombre y le esclaviza. Es la fuente de las pesadillas, los miedos sin motivo, las preocupaciones y la inseguridad. Y aquí está el camino para librarse de ella y conseguir la meta, durante tanto tiempo buscada, del estado de Clear. Este es el manual completo del procedimiento de Dianética, y con él dos personas medianamente inteligentes pueden romper las cadenas que les han mantenido prisioneros de los trastornos y traumas del pasado. Habiendo sido un best-séller durante más de medio siglo y habiéndose imprimido decenas de millones de ejemplares, traducido a más de cincuenta idiomas y usado en más de 100 países de la Tierra, *Dianética* es, sin discusión, el libro sobre la mente humana más leído y más influyente que se haya escrito jamás. Y por esa razón siempre se le conocerá como el *Libro Uno*.

Conferencias y Demostraciones de Dianética • Inmediatamente después de la publicación de *Dianética,* LRH comenzó a dar conferencias en auditorios atestados de gente por toda América. Aunque se dirigía a miles de personas al mismo tiempo, la demanda siguió creciendo. Para satisfacer esa demanda, se grabó su presentación en Oakland, California. En estas cuatro conferencias, Ronald relató los acontecimientos que provocaron su investigación, y su periplo personal hacia sus descubrimientos pioneros. Tras todo esto continuó con una demostración personal de auditación de Dianética: la única demostración de Libro Uno que hay disponible, y de inestimable valor para los dianeticistas. *4 conferencias.*

Autoprocesamiento

Autoanálisis – ***El Manual de Autoprocesamiento Básico*** • Las barreras de la vida son en realidad simplemente sombras. Aprende a conocerte a ti mismo; no solamente una sombra de ti mismo. Conteniendo la más completa descripción de la consciencia, Autoanálisis te lleva a través de tu pasado, a través de tus potencialidades, de tu vida. En primer lugar, con una serie de autoexámenes y utilizando la Tabla Hubbard de Evaluación Humana, te sitúas a ti mismo en la Escala Tonal. Después, aplicando una serie de ligeros, aunque poderosos procesos, te embarcas en la gran aventura del autodescubrimiento. Este libro contiene también principios globales que alcanzan a *cualquier* caso, desde el más bajo hasta el más elevado; incluyendo técnicas de auditación tan eficaces que Ronald se refiere a ellas una y otra vez, durante todos los años siguientes de investigación en los estados más elevados. En resumen, este libro no sólo te sube en la Escala Tonal, sino que puede sacar a una persona casi de cualquier cosa.

Manual para Preclears – ***El Manual de Autoprocesamiento Avanzado*** • Aquí están los "Quince Actos" de Autoprocesamiento orientados a la rehabilitación del *Autodeterminismo.* Además, este libro contiene varios ensayos que dan la descripción más extensa del *Estado Ideal del Hombre.* Descubre por qué las pautas de comportamiento se vuelven tan sólidamente fijas; por qué parece que los hábitos no se pueden romper; cómo las decisiones de hace mucho tiempo tienen más poder sobre una persona que sus decisiones recientes; y por qué una persona mantiene en el presente experiencias negativas del pasado. Está todo explicado claramente en la Tabla de Actitudes –un avance sensacional histórico que complementa la Tabla Hubbard de Evaluación Humana– marcando el estado ideal de ser y las *actitudes* y *reacciones* de uno respecto a la vida. *El Manual para Preclears se usa en autoprocesamiento junto con Autoanálisis.*

LIBROS DE SCIENTOLOGY

TEORÍA Y PRÁCTICA

SCIENTOLOGY: LOS FUNDAMENTOS DEL PENSAMIENTO – *EL LIBRO BÁSICO DE LA TEORÍA Y LA PRÁCTICA DE SCIENTOLOGY PARA PRINCIPIANTES* • Designado por Ronald como el *Libro Uno de Scientology*. Tras haber unificado y sistematizado completamente los temas de Dianética y Scientology, llegó el perfeccionamiento de sus *fundamentos*. Publicado originalmente como un resumen de Scientology para su uso en traducciones a lenguas distintas al inglés, este libro es de valor incalculable tanto para el estudiante novicio de la mente, el espíritu y la vida, como para el avanzado. Equipado únicamente con este libro, uno puede comenzar un estudio profesional y producir aparentes milagros y cambios en los estados de bienestar, capacidad e inteligencia de la gente. Contiene el *Ciclo-de-Acción*, las *Condiciones de la Existencia*, las *Ocho Dinámicas*, el *Triángulo de ARC*, las *Partes del Hombre*, el análisis completo de la *Vida como un Juego*, y más, incluyendo procesos exactos para su aplicación en el procesamiento. Aquí, entonces, en un solo libro, están los mismísimos fundamentos de Scientology, para su aplicación a la vida entera de uno, y los medios para hacer que ascienda la cultura al completo.

TRABAJO

LOS PROBLEMAS DEL TRABAJO: *SCIENTOLOGY APLICADA AL MUNDO DEL TRABAJO COTIDIANO* • Como Ronald describe en este libro, la vida está compuesta de siete décimas partes de trabajo, una décima parte de familia, una décima parte de política y una décima parte de relax. Aquí está, pues, la aplicación de Scientology a esas siete décimas partes de la existencia, incluyendo las respuestas al *Agotamiento* y el *Secreto de la Eficiencia*. Aquí está también el análisis de la vida en sí: un juego compuesto de reglas exactas. Si las conoces prosperas. Los Problemas del Trabajo contiene la tecnología sin la que nadie puede vivir y que cualquiera puede aplicar inmediatamente en el mundo del trabajo cotidiano.

LOS FUNDAMENTOS DE LA VIDA

SCIENTOLOGY: UN NUEVO PUNTO DE VISTA SOBRE LA VIDA • *(Este libro)* Los elementos esenciales de Scientology para cada aspecto de la vida. Las respuestas básicas que te ponen en control de tu existencia, verdades para consultar una y otra vez: *¿Es Posible Ser Feliz?*, *Dos Reglas para una Vida Feliz*, *Integridad Personal*, *La Personalidad Antisocial* y muchas más. En cada parte de este libro encontrarás verdades de Scientology que describen las condiciones de *tu* vida y los modos *exactos* para mejorarlas.

AHORA PUEDES *ESCUCHAR* LA HISTORIA DE DIANÉTICA Y SCIENTOLOGY

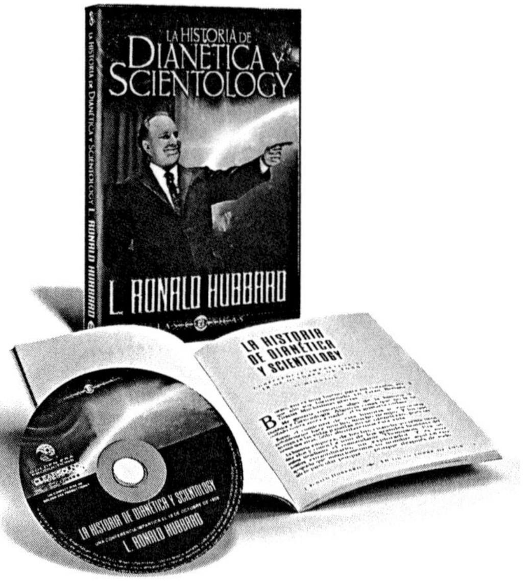

DE BOCA DEL HOMBRE QUE LA VIVIÓ

"Para realmente conocer la vida", escribió L. Ronald Hubbard, "tienes que ser parte de la vida. Tienes que bajar y mirar, tienes que meterte en los rincones y grietas de la existencia. Tienes que mezclarte con toda clase y tipos de hombres antes de que puedas establecer finalmente lo que es el Hombre".

A través de su extraordinario viaje hasta la fundación de Dianética y Scientology, Ronald hizo precisamente eso. Desde su aventurera juventud en un turbulento Oeste Americano hasta su lejana caminata a través de una todavía misteriosa Asia; desde sus dos décadas de búsqueda de la esencia de la vida hasta el triunfo de Dianética y Scientology, esa es la historia que Ronald relata en una conferencia tan legendaria que la han escuchado millones de personas.

¿Cómo podría un hombre descubrir la fuente de toda aberración humana y proporcionar una verdadera tecnología con la que el Hombre pudiera elevarse a mayores alturas de honestidad, decencia y libertad personales? Descúbrelo por ti mismo en una historia que únicamente podría contar el hombre que la vivió.

Adquiere

La Historia de Dianética y Scientology

UNA CONFERENCIA DE L. RONALD HUBBARD

Disponible en cualquier iglesia de Scientology o directamente de la editorial
www.bridgepub.com · www.newerapublications.com

Y PUEDES *CONOCER* A L. RONALD HUBBARD

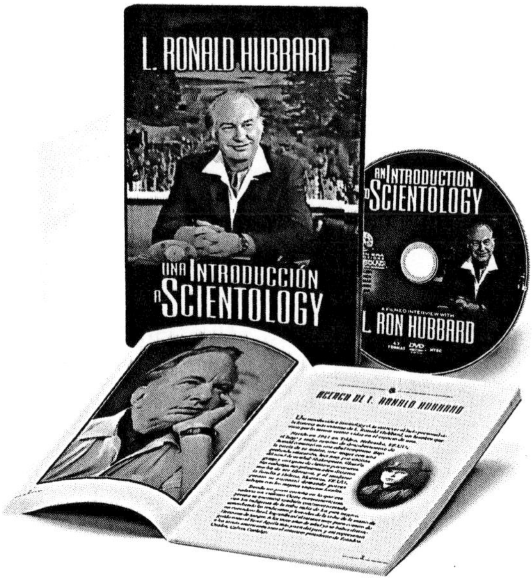

EN SU *ÚNICA* ENTREVISTA FILMADA

¿Qué es Scientology?
¿Qué aplicación práctica tiene Scientology para el hombre medio de la calle?
¿Cómo puede Scientology ayudar a la gente a superar sus problemas?
¿Por qué está el Hombre en este planeta y cuál es su propósito aquí?

Tales son las preguntas formuladas por millones de personas, y en esta excepcional entrevista filmada Ronald dio las respuestas: qué fue lo que *impulsó* su búsqueda para ayudar a la Humanidad, sus *descubrimientos* arduamente alcanzados que proporcionan las respuestas buscadas durante tanto tiempo sobre los enigmas de la mente y de la vida, y cómo él forjó una *ruta* para lograr alcanzar nuevos estados de ser y de felicidad; aquí está, tal y como Ronald se lo explicó al mundo.

Conoce al hombre que fundó una nueva religión en la era atómica, una religión que ahora se extiende por todo el globo terráqueo, una religión que está cambiando la faz de la Tierra, una religión donde la ciencia y la religión finalmente se encuentran y por ello… una religión a la que únicamente se podía haber llamado *Scientology.*

Adquiere
Una Introducción a Scientology

Disponible en cualquier iglesia de Scientology o directamente de la editorial
www.bridgepub.com · www.newerapublications.com

Obtén gratuitamente tu
Guía de los Materiales

- Todos los libros
- Todas las conferencias
- Todos los libros de consulta

Todo ello puesto en secuencia cronológica con descripciones de lo que contiene cada uno.

¡Estás en una Aventura! Aquí está el Mapa.

Tu periplo a una comprensión completa de Dianética y Scientology es la aventura más grande de todas. Pero necesitas un mapa que te muestre dónde estás y adónde vas.

Ese mapa es la Guía de los Materiales. Muestra todos los libros y conferencias de Ronald con una descripción completa de su contenido y temas de forma que puedas encontrar exactamente lo que *tú* estás buscando y lo que *tú* necesitas exactamente.

Las nuevas ediciones de cada libro incluyen extensos glosarios con definiciones para todos los términos técnicos. Como resultado de un programa de traducciones de dimensiones monumentales, cientos de conferencias de LRH se están poniendo a tu alcance en compact disc, con transcripciones, glosarios, diagramas de conferencias, gráficos y publicaciones a los que se refería en las conferencias. Como resultado, obtienes *todos* los datos y puedes aprender con facilidad, con lo que no sólo consigues una completa comprensión *conceptual*, sino que asciendes escalón por escalón en el camino a estados más elevados de libertad personal.

Para conseguir tu Guía de los Materiales y Catálogo GRATIS o para pedir los libros y conferencias de L. Ronald Hubbard, ponte en contacto con:

Hemisferio Oriental:
New Era Publications International ApS
Store Kongensgade 53
1264 Copenhague K, Dinamarca
www.newerapublications.com
Teléfono: (45) 33 73 66 66
Fax: (45) 33 73 66 33

Hemisferio Occidental:
Bridge Publications, Inc.
4751 Fountain Avenue
Los Ángeles, CA 90029 EE.UU.
www.bridgepub.com
Teléfono: 1-800-722-1733
Fax: 1-323-953-3328

Libros y conferencias también disponibles en las iglesias de Scientology.
Véase ***Direcciones.***

DIRECCIONES

Scientology es la religión de más rápido crecimiento en el mundo hoy en día. Existen iglesias y misiones en ciudades de todo el mundo y se están formando nuevas continuamente.

Para obtener más información o localizar la iglesia más cercana a ti, visita la página web de Scientology:

www.scientology.org
e-mail: info@scientology.org

También puedes escribir a cualquiera de las organizaciones continentales, que aparecen en la siguiente página, que te dirigirán directamente a una de las miles de Iglesias y Misiones que hay por todo el mundo.

Puedes conseguir los libros y conferencias de L. Ronald Hubbard desde cualquiera de estas direcciones o directamente desde las editoriales que aparecen en la página anterior.

ORGANIZACIONES CONTINENTALES:

EUROPA

Iglesia de Scientology
Oficina de Enlace Continental
de Europa
Store Kongensgade 55
1264 Copenhague K, Dinamarca
info@scientology.org.dk

Iglesia de Scientology
Oficina de Enlace de la Comunidad
de Estados Independientes
Management Center of Dianetics
and Scientology Dissemination
Pervomajskaya Street, House 1A
Korpus Grazhdanskoy Oboroni
Losino-Petrovsky Town
141150, Moscú, Rusia
info@scientology.ru

Iglesia de Scientology
Oficina de Enlace de Europa Central
1082 Leonardo da Vinci u. 8-14
Budapest, Hungría
info@scientology.hu

Iglesia de Scientology
Oficina de Enlace de Iberia
C/ Miguel Menéndez Boneta, 18
28460 Los Molinos
Madrid, España
info@spain.scientology.org

Iglesia de Scientology
Oficina de Enlace de Italia
Via Cadorna, 61
20090 Vimodrone
Milán, Italia
info@scientology.it

AUSTRALIA, NUEVA ZELANDA Y OCEANÍA

Iglesia de Scientology
Oficina de Enlace Continental
de ANZO
20 Dorahy Street
Dundas, Nueva Gales del Sur 2117
Australia
info@scientology.org.au

Iglesia de Scientology
Oficina de Enlace de Taiwán
1st, No. 231, Cisian 2nd Road
Kaohsiung City
Taiwán, ROC
info@scientology.org.tw

ESTADOS UNIDOS

Iglesia de Scientology
Oficina de Enlace Continental
de Estados Unidos del Oeste
1308 L. Ron Hubbard Way
Los Ángeles, California 90027 EE.UU.
info@wus.scientology.org

Iglesia de Scientology
Oficina de Enlace Continental
de Estados Unidos del Este
349 W. 48th Street
Nueva York, Nueva York 10036 EE.UU.
info@eus.scientology.org

CANADÁ

Iglesia de Scientology
Oficina de Enlace Continental
de Canadá
696 Yonge Street, 2nd Floor
Toronto, Ontario
Canadá M4Y 2A7
info@scientology.ca

LATINOAMÉRICA

Iglesia de Scientology
Oficina de Enlace Continental
de Latinoamérica
Federación Mexicana de Dianética
Calle Puebla #31
Colonia Roma, México D.F.
C.P. 06700, México
info@scientology.org.mx

REINO UNIDO

Iglesia de Scientology
Oficina de Enlace Continental
del Reino Unido
Saint Hill Manor
East Grinstead, West Sussex
Inglaterra, RH19 4JY
info@scientology.org.uk

ÁFRICA

Iglesia de Scientology
Oficina de Enlace Continental
de África
5 Cynthia Street
Kensington
Johannesburgo 2094, Sudáfrica
info@scientology.org.za

Obtén una Afiliación Semestral Gratuita

en la Asociación Internacional de Scientologists

La Asociación Internacional de Scientologists es una organización de afiliados que une a los scientologists de todo el mundo en la cruzada más vital en la Tierra.

Se extiende una afiliación introductoria gratuita de seis meses a cualquiera que no haya sido titular de ninguna afiliación anterior de la Asociación.

Como miembro tienes derecho a descuentos en los materiales de Scientology que se ofrecen sólo a miembros de la Asociación Internacional de Scientologists. Además recibirás la revista de la Asociación llamada *IMPACT,* que se publica seis veces al año, llena de noticias de Scientology de todo el mundo.

El propósito de la Asociación Internacional de Scientologists es:

"Unir, hacer avanzar, apoyar y proteger a Scientology y a los scientologists de todas las partes del mundo para lograr las metas de Scientology tal y como las originó L. Ronald Hubbard".

Únete a la mayor fuerza dirigida a un cambio positivo en el planeta hoy día y contribuye a que las vidas de millones de personas tengan acceso a la gran verdad que se encuentra plasmada en Scientology.

Únete a la Asociación Internacional de Scientologists.

Para solicitar la afiliación escribe a la Asociación Internacional de Scientologists
c/o Saint Hill Manor, East Grinstead
West Sussex, Inglaterra, RH19 4JY
www.iasmembership.org

Glosario Editorial
de Palabras, Términos y Frases

Las palabras tienen a menudo varios significados. Las definiciones usadas aquí sólo dan el significado que tiene la palabra según se usa en este libro. Los términos de Dianética y Scientology aparecen en negrita. Al lado de cada definición encontrarás la página en que aparece por primera vez, para que puedas remitirte al texto si lo deseas.

Este glosario no está destinado a sustituir a los diccionarios estándar del idioma ni a los diccionarios de Dianética y Scientology, los cuales se deberían consultar para buscar cualesquiera palabras, términos o frases que no aparezcan a continuación.

—Los Editores

a fin de cuentas: básica o fundamentalmente. Página 12.

"agachar la cabeza": bajar la cabeza rápidamente, especialmente como cuando se baja para evitar un puñetazo de un oponente. Se usa en sentido figurado. Página 114.

a la deriva: carente de objetivo, dirección o estabilidad. Página 39.

a mitad del vuelo: en medio de una acción o de una pauta establecida. Página 162.

aberración: desviación del pensamiento o comportamiento racional; falta de cordura. Del latín, *aberrare:* desviarse, alejarse de; del latín, *ab:* lejos, y *errare:* andar errante. Básicamente significa errar, cometer errores, o más específicamente tener ideas fijas que no son verdad. La causa entera de la aberración se contiene en el descubrimiento de la anteriormente desconocida *mente reactiva.* Su anatomía completa, y cómo erradicar sus efectos dañinos (que causan aberración), se tratan en el libro *Dianética: El Poder del Pensamiento sobre el Cuerpo.* Página 73.

aberrado: afectado de *aberración.* La conducta aberrada sería conducta incorrecta, o conducta no apoyada por la razón. La aberración es una desviación del pensamiento o comportamiento racionales; no cuerdo. Página 62.

abismo: distancia que sirve como medio de separación entre dos cosas; un amplio intervalo. Página 139.

abrasión: daño producido en la piel cuando esta se ha frotado o raspado contra algo duro y áspero. Página 26.

absoluto: algo que es perfecto o completo y libre de condiciones, limitaciones o matices; que actúa o existe por completo bajo todas las circunstancias sin variación ni excepción. Página 37.

absolutos: aquellos elementos, condiciones, etc., que son perfectos y completos en cuanto a calidad o naturaleza. Página 240.

abucheo: gritos que se hacen para expresar desaprobación. Página 274.

accidente: algo que sucede por casualidad o sin causa aparente. Página 59.

acobardado: tímido y que cede o tiende a ceder a las exigencias de la autoridad de otros; que obedece o se somete por temor a las amenazas o la violencia. Página 193.

adoración: demostración de alta estima y amor profundo. También el acto de adorar (amar en extremo). Página 47.

adornar: dar detalles adicionales o información añadida, especialmente cuando no son verdad. Página 193.

adversario: oponente o enemigo. Página 114.

aferrarse: agarrarse con fuerza con las manos. De ahí, agarrarse a algo o mantener con firmeza y fuerza algo, como una creencia, idea, concepto, etc. Página 120.

afinidad: amor, agrado o alguna otra actitud emocional. La afinidad se concibe, en Scientology, como algo que tiene muchas facetas. La afinidad es una cualidad variable. Afinidad se usa aquí como palabra que tiene la "connotación de grado de agrado". Es una de las tres partes del A-R-C (afinidad, realidad y comunicación). Página 91.

afinidad, realidad y comunicación: afinidad, realidad y comunicación (A-R-C) *son* comprensión. Forman un triángulo que es el denominador común de todas las actividades de la vida. Estos tres elementos son interdependientes entre sí. Uno tiene que tener un cierto grado de simpatía para ser capaz de hablar (comunicar). La comunicación sólo es posible con algún acuerdo de alguna clase. Y el acuerdo sólo es posible donde haya afinidad de alguna clase o tipo. Cuando uno aumenta la comunicación, eleva la afinidad y la realidad. Página 91.

agente: **1.** Medio por el cual se hace o se causa algo. Página 26.
2. Persona que actúa con carácter oficial para un organismo gubernamental o alguna agencia privada, como un guardia, un detective o un espía. Página 196.

ágil: capaz de actuar, trabajar o avanzar con facilidad y soltura. Página 37.

agitador: persona que intenta provocar a la gente para que apoye una causa social o política; usado a menudo en sentido despectivo. Página 114.

aliado: individuo que ayuda a otro o coopera con él; partidario o asociado; también un país o grupo unido a otro o a otros por un propósito común, como en una guerra, etc. Página 59.

amasando: reuniendo para sí; acumulando (una gran cantidad de algo) durante un largo período de tiempo. Página 242.

ámbito: área o campo de actividad, pensamiento, estudio o interés. Página 26.

anatomía: ciencia de la estructura del cuerpo. Referencia a la estructura o la disposición de las partes de algo. Página 105.

animal social: alguien que vive o tiene inclinación a vivir en comunidad; alguien que desea el disfrute de la sociedad o compañía de otros. Se usa despectivamente. Página 160.

antaño: en el pasado, a menudo un período con un conjunto de valores o una forma de vida que ya no existe. Página 129.

antepasado: ancestro, antecesor. Página 11.

antibiótico: sustancia que puede matar o desactivar bacterias en el cuerpo. Los antibióticos se obtienen de microorganismos (organismos vivos muy pequeños) o se producen sintéticamente. Página 26.

antisocial: hostil o perjudicial para el orden social establecido; que tiene un comportamiento que es dañoso para el bienestar de la gente en general; contrario a la sociedad o a sus compañeros; renuente o incapaz de asociarse de un modo normal o amigable con otras personas; antagónico, hostil o antipático hacia otros; intimidante; amenazador. Página 164.

anular: reducir a la nada, actuar completamente en contra de la fuerza, la eficacia o el valor de (algo o alguien). Página 73.

año de nuestro Señor: año concreto a partir de la fecha original del nacimiento de Jesucristo, 25 de diciembre A.D. 1. (*A.D.* son las siglas de

Anno Domini, término latino que significa "en el año de nuestro Señor"; equivale a d. C., "después de Cristo"). Página 165.

apatía: falta completa de emoción por las cosas en general o de interés en ellas; incapacidad para responder emocionalmente. Un individuo en apatía no tiene energía. Página 39.

apresurar: dar prisa, acelerar. Página 63.

apretar los dientes: recurrir a las propias fuerzas para encarar algo desagradable o vencer una dificultad. Página 115.

arbitrario: basado en el juicio o la selección por razones de utilidad, más que en la naturaleza inalterable de algo. Página 84.

A-R-C: afinidad, realidad y comunicación (A-R-C) *son* comprensión. Forman un triángulo que es el denominador común de todas las actividades de la vida. Estas tres cosas son interdependientes entre sí. Uno tiene que tener un cierto grado de agrado para ser capaz de hablar (comunicar). La comunicación sólo es posible con algún acuerdo de alguna clase. Y el acuerdo sólo es posible donde haya afinidad de alguna clase o tipo. Cuando uno aumenta la comunicación, eleva la afinidad y la realidad. Página 91.

arduo: duro o exigente. Página 27.

arenas movedizas: arenas que son blandas o sueltas, saturadas de agua y de considerable profundidad, que no soportan el peso y por lo tanto tienden a absorber cualquier objeto que descanse en su superficie. Se usa en sentido figurado. Página 40.

arranque: repentina manifestación o suceso; arrebato, impulso súbito. Página 206.

arrollador: que tiene una amplia dimensión o efecto. Página 71.

artes mecánicas: artes, oficios y ocupaciones que tratan con máquinas o herramientas o con el diseño y construcción de máquinas o herramientas. Página 208.

artritis: inflamación aguda o crónica de las articulaciones que causa dolor, hinchazón y rigidez. Página 73.

Asia: el mayor continente de la Tierra, situado en el Hemisferio Oriental, delimitado por los océanos Ártico, Pacífico e Índico, y separado de Europa por los Montes Urales. Incluye, además de las naciones de su plataforma continental, a Japón, Filipinas, Taiwán, Malasia e Indonesia. Página 27.

asignaciones presupuestarias: sumas de dinero que se han apartado en un presupuesto, especialmente en un presupuesto gubernamental, para una finalidad concreta. Página 260.

asimilar: absorber como propio; tenerlo en mente, considerarlo y comprenderlo por completo. Página 37.

Asociación Médica Americana: organización de médicos en Estados Unidos, fundada en 1847. Página 157.

aspecto: naturaleza, cualidad, carácter. Página 102.

aspirante: persona que busca o espera lograr algo, como alguien que desea ansiosamente una carrera, una promoción, etc. Página 116.

atorado: detenido o enganchado en algo. Página 175.

atribución: acción de asignar una característica específica a algo o a alguien. Página 206.

atributos: cualidades, rasgos o características que pertenecen a alguien o algo o son parte inherente de alguien o algo. Página 60.

auditor: profesional de Scientology. El término procede del latín *audire,* "escuchar". De ahí, un auditor es alguien que escucha; un oyente. Un auditor emplea Scientology en el *procesamiento* de Scientology. Procesamiento es la acción de ejercitar de forma verbal a un individuo en procesos exactos de Scientology (ejercicios e instrucciones) y es una forma excepcional pero precisa de asesoramiento mental y espiritual. El procesamiento de Scientology ayuda a que el individuo tenga mejor control de sí mismo, de su mente, de la gente y del universo que le rodea. El propósito del auditor es ayudar a aumentar la capacidad del individuo. Página 74.

autodeterminado: que tiene autodeterminismo. Página 102.

autodeterminismo: condición de determinar las acciones de uno mismo. El autodeterminismo es un determinismo de Primera Dinámica. Es decir: "Yo puedo determinar mis propias acciones". Página 102.

Autoridad: 1. Grupo de expertos o un supuesto experto cuyos puntos de vista y opiniones en un tema es probable que se acepten sin cuestionar y sin referencia a hechos o resultados. Página 34.
2. El poder para exigir y recibir sumisión; el derecho a esperar obediencia; superioridad. Página 34.

autoritario: relativo al autoritarismo. Página 36.

autoritarismo: sistema o práctica de una *Autoridad,* alguien que es un supuesto experto o alguien cuyos puntos de vista y opiniones en un tema es probable que se acepten sin cuestionar y sin remitirse a hechos o resultados. Bajo el autoritarismo, la libertad individual de juicio y acción se descuidarían a favor de la obediencia absoluta a "expertos". Página 40.

axioma: declaración de leyes naturales del orden de las de las ciencias físicas. Página 25.

Babilonia: capital del *Imperio Babilónico,* antiguo imperio del sudoeste asiático (situado en la zona que ahora se llama Irak) que floreció alrededor de 2100-689 a. C. Babilonia, la ciudad más importante en Asia occidental durante ese período de tiempo, fue famosa por sus esplendorosos templos y palacios. Página 205.

bacteria: organismo unicelular, algunos de los cuales causan enfermedades. Página 26.

bajo (su) cargo: al cuidado de uno, bajo su control y responsabilidad. Página 139.

bandolerismo: actuación de los bandidos que roban a los viajeros en las montañas, los bosques o en los caminos, generalmente como miembros de una banda itinerante. Página 103.

barbarie: ausencia de cultura; ignorancia bárbara caracterizada por una crueldad salvaje y violenta. Página 191.

barro, producto del: alusión a la teoría de que el Hombre proviene del barro. Esta teoría predica que en el barro se formaron productos químicos, y que mediante ciertas combinaciones y pautas accidentales, se formó una primitiva célula individual. Esta célula primitiva chocó luego con otras células similares y, por accidente, formaron una estructura más compleja de células individuales, que se convirtió en un organismo unitario. De esta combinación de células, a la larga, supuestamente se formó el Hombre. Página 3.

beingness: condición de ser; se define como el resultado de haber adoptado una identidad. Por ejemplo, el nombre de uno, la profesión propia, las características físicas de uno. Cada una de estas cosas o todas juntas podrían llamarse el "beingness" de uno. El beingness lo adopta uno mismo, o se le da a uno o se obtiene. La palabra proviene del inglés being, "ser" y -ness, "condición o estado de". Página 261.

bestia: persona fuerte, ruda o enfocada a los aspectos físicos de la vida. Página 8.

bestia sanguinaria: persona inclinada a la guerra o ávida de derramamiento de sangre. Página 160.

bien: algo tangible y real, como la materia prima o un producto agrícola básico que se puede comprar y vender. Página 100.

blanco incorrecto: objetivo que alcanzar o al que atacar, seleccionado incorrectamente. Página 194.

bloquear: refrenar; contener o controlar. Página 161.

bola de cristal: cristal o vidrio transparente en forma de bola que emplean tradicionalmente los adivinadores para predecir el futuro. Página 150.

bomba atómica: tipo de bomba sumamente destructiva, cuya potencia procede de la división en fragmentos de los núcleos (centros) de los átomos, acompañada de una tremenda liberación de energía. Página 11.

budista: relativo al *budismo,* religión fundada por Gautama Sidarta Buda (563-¿483? a. C.), maestro y filósofo religioso de la India. El budismo enfatizaba la disciplina física y espiritual como medio de liberación del mundo físico. *Buda* significa alguien que ha alcanzado la perfección intelectual y ética por medios espirituales. Página 173.

buenos tiempos: expresión usada para referirse a un tiempo pasado que se recuerda con nostalgia, como si fuera mejor que el presente, y a veces a pesar de las modernas mejoras en el terreno de la ciencia, la tecnología, etc. Página 7.

cacería de brujas: investigación llevada a cabo supuestamente para destapar y poner al descubierto alguna deslealtad, deshonestidad, o algo similar, usualmente basada en pruebas dudosas o irrelevantes. La frase se refiere a las cacerías de brujas en tiempos antiguos, que a menudo llevaban a la ejecución de gente basándose en poca o ninguna evidencia, por una supuesta práctica de brujería. Página 203.

cadena de mando: serie de puestos ejecutivos o de oficiales y subordinados por orden de autoridad especialmente con respecto a la transmisión de órdenes, responsabilidades, informes o solicitudes de lo más alto a lo más bajo o desde abajo hacia arriba. Página 138.

Caldea: antiguo nombre dado a las tierras en el extremo norte del golfo Pérsico, al sur de Babilonia. Los caldeos conquistaron Babilonia en el siglo VII a. C., estableciendo el Imperio Caldeo (hacia 625-539 a. C.).

Caldea se expandió y se convirtió en el centro del mundo civilizado hasta que fue conquistada por los persas en 539 a. C. Página 215.

camarilla: grupo de gente pequeño y exclusivo que se asocia con fines indignos o egoístas, como imponerse como autoridad suprema en algún campo concreto. Página 139.

camisa de fuerza: especie de camisa fuerte abierta por detrás, con mangas cerradas en su extremidad, propia para sujetar los brazos de quien padece demencia o delirio violento. La *camisa de fuerza* se emplea para impedir que una persona violentamente desorientada se haga daño a sí misma o a los demás. Página 160.

campanas, no mandes a buscar por quién doblan las: alusión a un verso del ensayo de carácter religioso "Devociones para ocasiones emergentes" del poeta inglés John Donne (1572-1631), que en parte dice: "Ningún hombre es una isla, un todo para sí; todo hombre es parte del continente, parte de la Tierra..., la muerte de cualquier hombre me disminuye, ya que estoy involucrado con la humanidad; por lo tanto, nunca mandes a buscar por quién doblan las campanas; doblan por ti". Históricamente, las campanas de las iglesias han doblado (tocado lentamente) para anunciar muertes. Página 61.

canto del cisne: última acción o manifestación de alguien o algo antes de morir. Proviene de la creencia de que los cisnes moribundos emiten un canto antes de morir. Página 205.

capa caída, ir de: ir a peor o a una condición inferior. Página 174.

característico: que da carácter o sirve para distinguir a alguien o algo de sus semejantes. Página 229.

cargo: posición que tienen las personas en la sociedad o en una organización en términos de clase social o de rango. Página 205.

carreras, ganar en las: ganar dinero en competiciones organizadas en un circuito permanente, como las carreras de caballos o de galgos, en las que la gente apuesta dinero por un ganador potencial con la esperanza de "ganar en las carreras". Página 115.

casan, van y se: casarse dos personas de sopetón; repentinamente. "Van y" alude a hacer algo abruptamente y por sorpresa. Página 149.

causa: poder, influencia o fuente por la que algo llega a existir, se desarrolla una acción o por la que se crea un efecto. Página 116.

causa nociva: cosas, acciones, etc., que son muy destructivas. Página 175.

causa obsesiva: alusión a un estado o condición caracterizados por sólo causar cosas, pareciéndose, por tanto, a una *obsesión:* la dominación de los pensamientos o sentimientos de uno por una idea, imagen, deseo, etc., persistentes. Página 173.

causar: actuar de tal modo que ocurra alguna cosa concreta como resultado; producir un efecto; ser el punto de emanación o el punto fuente de una acción. Página 173.

cave-in: *cave-in* es un término del oeste de Estados Unidos para expresar un colapso mental o físico, comparado con el hecho de estar en el fondo del pozo de una mina, o en un túnel, cuando los soportes han cedido y la persona queda bajo toneladas de escombros. Que uno tenga un *cave-in* significa tener un colapso mental y/o físico hasta el punto en que uno no puede funcionar de manera causativa. Página 245.

censura: condena severa de los errores morales, los defectos, etc.; crítica muy marcada. Página 182.

censurablemente: de forma que se hace merecedor de censura (fuerte reprobación o crítica de algo). Página 241.

censurado: criticado o culpado con severidad, a veces de manera formal u oficial. Página 209.

censurar: quitar o cambiar alguna parte de algo para suprimirlo o controlarlo o impedir que llegue a otras personas. Página 140.

centralita: parte central de un sistema telefónico empleado por una empresa, en la que las llamadas de teléfono se contestan y se pasan a la persona o departamento apropiado. Página 116.

cese: paro temporal o completo; discontinuación. Página 137.

chapuza: trabajo mal hecho; obra hecha sin destreza; desastre. Página 116.

Christie: John Reginald Christie (1898-1953), asesino inglés. Se le condenó y colgó por el asesinato de su mujer, pero también confesó haber asesinado a otras cinco mujeres cuyos cuerpos se encontraron en las paredes, bajo las tablas del suelo y en el jardín de su casa. Página 192.

ciclo-de-acción: la secuencia por la que pasa una acción, en la que la acción se comienza, se continúa durante el tiempo que haga falta y luego se termina según se planeó. Página 194.

ciencia: conocimiento; comprensión o entendimiento de hechos o principios, clasificados y puestos a disposición en el trabajo, la vida o la búsqueda de la verdad. Una ciencia es un cuerpo conexo de verdades demostradas o hechos observados organizados de forma sistemática y unidos bajo leyes generales. Incluye métodos fidedignos para el descubrimiento de nuevas verdades dentro de su propia esfera de acción y denota la aplicación de métodos científicos en campos de estudio previamente considerados abiertos sólo a teorías basadas en criterios subjetivos, históricos o no demostrables y abstractos. La palabra *ciencia,* aplicada a Scientology, se usa en este sentido (el significado más fundamental y tradicional de la palabra), y no en el sentido de las ciencias *físicas* o *materiales.* Página 25.

Ciencia Cristiana: religión fundada en 1879 por Mary Baker Eddy (1821-1910) y basada en algunas de las enseñanzas de Jesús. Los seguidores de la Ciencia Cristiana consideran la Biblia como la máxima autoridad, creen que Dios es infinitamente bueno y todopoderoso, niegan la realidad del mundo material, arguyendo que el pecado y la enfermedad son ilusiones que han de ser vencidas por la mente y por ello confían en la curación espiritual en vez de en la asistencia médica para combatir las enfermedades. Página 173.

ciencias físicas: cualquiera de las ciencias, como la física y la química, que estudian y analizan la naturaleza y propiedades de la energía y la materia inerte. Página 26.

científico: relativo a la ciencia o las ciencias; que usa o practica los métodos de los científicos o concebidos por los científicos. Página 47.

círculo íntimo: pequeño grupo de personas dentro de un grupo más grande, que tienen mucho poder, influencia e información especial. Página 272.

cizañero: persona que esparce informes falsos o dañinos acerca del carácter o la reputación de otros. Página 193.

Clear: el *Clear* es una persona que no está aberrada. Es racional por cuanto forma las mejores soluciones posibles que puede según los datos que tiene y desde su punto de vista. Esto se logra mediante el *clearing,* liberando todo el dolor físico y la emoción dolorosa de la vida de una persona. Véase *Dianética: El Poder del Pensamiento Sobre el Cuerpo.* Página 48.

código de conducta: cualquier conjunto de principios o reglas de conducta. Página 165.

código moral: código acordado de conducta correcta e incorrecta. Es esa serie de acuerdos a los que una persona se ha suscrito para garantizar la supervivencia de un grupo. El origen de un código moral es cuando se descubre tras experiencias reales que algunas acciones son más antisupervivencia que prosupervivencia. La prohibición de esta acción pasa entonces a formar parte de las costumbres de la gente y al final puede convertirse en ley. Página 243.

coherente: algo que, en una secuencia, sigue detrás de otra cosa, o una conclusión que sigue lógicamente a algo que ya se ha declarado o mencionado. Página 150.

compañía: unidad militar de entre ochenta y doscientos soldados bajo el mando de un capitán. Página 103.

complementar: llevar a la perfección o completación; suministrar lo que falta. Página 139.

comunicación: algo que se envía y que es recibido. La intención de enviar y la intención de recibir deben estar ambas presentes, en cierto grado, antes de que pueda ocurrir una auténtica comunicación. Es una de las tres partes del A-R-C (afinidad, realidad y comunicación). Página 26.

concéntrico: que tiene un centro común, como círculos que están uno dentro del otro. Página 85.

conclusión formada de antemano: decisión u opinión que se forma antes de una consideración apropiada o de tener toda la evidencia. Página 41.

condenar: dicho de una cosa, conducir inevitablemente a una situación no deseada. Página 101.

condición de no-juego: condición que ocurre cuando uno ha ganado o perdido por completo. Cuando una persona continúa jugando un juego después de haberlo ganado o perdido completamente, este se aparta de su realidad del juego, porque él ya no puede responder realmente mientras lo hace. Por ejemplo: alguien tiene un juego con un automóvil de intentar salir de los semáforos el primero. Después del quinto accidente, es una condición de no-juego, porque él todavía tiene que conducir pero sabe que ha perdido el juego y ya no es un juego para él. Página 100.

confrontar: encarar y experimentar (aquellas cosas que existen). Página 128.

conmoción: actividad inquieta y ruidosa, confusión o disturbio. Página 35.

consciencia: estado de ser consciente; percepción de la propia existencia, sensaciones, pensamientos, entorno. Página 65.

consideración: **1.** Idea, opinión o pensamiento. Página 91.
2. Algo que está o debe tenerse presente al tomar una decisión, evaluación de hechos, etc. Página 157.
3. Deliberación o pensamiento cuidadosos. Página 174.

contraponerse: colocarse en oposición. Página 104.

contraposición: diferenciación entre dos cosas mediante la identificación de sus cualidades opuestas. Página 157.

contusión: moretón o lesión en que la piel no se rasga ni se rompe. Página 26.

convalecencia: recuperación gradual de la salud y la fortaleza después de una enfermedad. Página 194.

corcel de acero: alusión a una motocicleta. Un *corcel* es un caballo de mucha alzada, que servía para los torneos y batallas. Página 8.

corderito, llevar como a un: guardar o vigilar atentamente, como hace un pastor con sus ovejas. Página 162.

cordura: racionalidad; un hombre está cuerdo en la medida en que pueda computar con precisión, limitado únicamente por la información y el punto de vista. Página 34.

corriente: curso de los acontecimientos; cambio de fuerzas constante o frecuente. Página 114.

credo: **1.** Creencia o conjunto de principios que se creen firmemente, adoptados como guía de acción o para alcanzar algo. Página 136.
2. Sistema o conjunto de creencias u opiniones religiosas. Página 161.

crisis del petróleo: escasez de petróleo que ocurrió en los Estados Unidos y ciertos países europeos a comienzos de la década de los 70. La escasez la causaron principalmente las restricciones impuestas por la Organización de Países Exportadores de Petróleo (OPEP) sobre el comercio de petróleo que regulaba la cantidad de petróleo producido por sus países miembros y fijaba los precios para su exportación. Las restricciones pretendían castigar a los Estados Unidos y algunos de sus aliados por su apoyo a Israel en su conflicto de 1973 con los estados árabes. La situación causó un amplio pánico generalizado, una grave escasez de gasolina y un enorme aumento en los precios. La crisis continuó a niveles variables a lo largo de los años sucesivos y para 1980 el precio del petróleo era diez veces más alto que en 1973. Página 240.

criterio: norma para conocer la verdad; estándar de juicio; regla o principio para evaluar o juzgar algo; principio o estándar por el que se puede juzgar o decidir sobre algo o alguien. Página 34.

crónicamente: de forma que dura mucho tiempo o que está en un estado continuado. Página 65.

cuenta, tener en: tomar en consideración; considerar. Página 105.

culminación: la condición o estado de acabar o llegar a una fase final; resultar en algo, a menudo con la sensación de haber alcanzado un momento decisivo o más intenso en el desarrollo o resolución de algo. Página 25.

cultivo: grupo de microorganismos que se hacen crecer en una sustancia especial bajo condiciones controladas, como con fines científicos, médicos o comerciales. Página 39.

cultura occidental: perteneciente o relativo a la cultura de los países y pueblos de Europa y de América. Página 150.

cúmulo: gran número o cantidad. Página 25.

da Vinci, Leonardo: (1452-1519) pintor, dibujante, escultor, arquitecto e ingeniero italiano que dejó cuadernos de notas con observaciones de ingeniería y científicas que en algunos casos tenían siglos de adelanto con respecto a su época. Página 35.

dato: unidad de información, como un hecho; algo que se sabe o se presupone. Página 27.

Dato Primario: supuesto dato (unidad de información, hecho, etc.) que es fundamental o básico y del cual otros datos pueden proceder o provenir. Página 36.

de acuerdo a: tomando en consideración; considerando. Página 20.

de ahí: por consiguiente; por tanto; como resultado. Página 36.

de forma (tan) marcada: de manera notable; en una extensión considerable. Página 72.

decreto, por: por declaración formal en una orden o decisión oficial. Página 36.

deficiencia: falta o carencia con respecto a cierto estándar, por lo general refiriéndose al carácter o conducta de una persona. Página 86.

degradación: modo de vida sin dignidad, salud ni comodidades sociales; condición de extremada pobreza y descuidado abandono. Página 241.

deja (las horas), se: gasta un montón de tiempo, energía, atención, etc., en hacer algo. Página 164.

dejar volar la imaginación: tener ideas o pensamientos que son muy imaginativos; tener pensamiento creativo. Página 35.

denominador común: algo que tienen en común varias personas, cosas, situaciones, etc.; característica compartida. Página 91.

depresión: período caracterizado por un decaimiento de la actividad empresarial y un aumento del desempleo, caída de los precios y los salarios, etc. Página 114.

derivarse: surgir, originarse de cierto punto, o ser causado por algo o alguien. Página 182.

dermatitis: inflamación de la piel que produce enrojecimiento, hinchazón, picores u otros síntomas. Página 73.

derrotista: persona que aboga por la derrota o la acepta; alguien que, debido a la convicción de que cualquier esfuerzo adicional es inútil, se rinde con facilidad o ya no se resiste a la derrota. Página 73.

descargar: liberar carga (un almacenamiento o acumulación de fuerza o energía); aliviar. Página 74.

descendente, espiral: cuanto más empeora un individuo, más capacidad tiene de empeorar. *Espiral* aquí se refiere a un movimiento progresivamente descendente que marca un implacable deterioro de la situación, y se considera que toma la forma de una espiral. El término proviene de la aviación, donde se usa para describir el fenómeno de un avión que desciende haciendo una espiral con círculos cada vez más cerrados, como en un accidente o en un número de acrobacia, que si no se contrarresta puede resultar en la pérdida de control y que el aparato se estrelle. Página 75.

desenfreno: forma descuidada o descontrolada de comportarse, sin pensar ni preocuparse por lo que uno está haciendo. Página 149.

desestimar: subestimar el significado o eficacia de algo; minimizar o dejar de lado como carente de importancia. Página 47.

desolación: sentimiento de soledad, abandono, tristeza, desesperanza y desesperación. Página 274.

destino: algo (desfavorable) que le ocurre inevitablemente a alguien o a algo. Página 113.

desvariar: delirar, decir locuras o despropósitos (dichos o hechos sin razón, sentido ni conveniencia). Página 182.

desvirtuar: desviar del uso, propósito o sentido apropiado; aplicar mal o descaminar. Página 140.

determinismo: poder de elección o de decisión. Página 26.

devorar: tragar algo como envolviéndolo o encerrándolo. Página 48.

Dianética: Dianética es la precursora y subestudio de Scientology. Dianética significa "a través de la mente" o "a través del alma" (del griego *dia,* a través; y *nous,* mente o alma). Es un sistema de axiomas coordinados que resuelve los problemas relativos al comportamiento humano y a las enfermedades psicosomáticas. Combina una técnica funcional y un método concienzudamente comprobado para aumentar la cordura, mediante el borrado de sensaciones indeseadas y emociones desagradables. Véase la entrada para *Dianética: El Poder del Pensamiento sobre el Cuerpo* y otros libros de Dianética en el Estudio Adicional en el Apéndice. Página 273.

diatriba: discurso o escrito violento e injurioso contra alguien o algo. Página 271.

dicho (viejo dicho, vieja máxima): refrán antiguo, repetido a menudo. Página 105.

Dickens: Charles Dickens (1812-1870), famoso escritor inglés que escribió sobre la sociedad del siglo XIX y cuyos relatos a menudo describen a personajes excéntricos. *Véase también* **"esperar a que algo surja"**. Página 115.

dientes, apretar los: recurrir a las propias fuerzas para encarar algo desagradable o vencer una dificultad. Página 115.

diferenciación: acción de ver, notar o encontrar la diferencia entre dos o más cosas. Página 209.

difundir: hacer que se conozca algo; contar; relatar. Página 193.

difusión de boca en boca: comunicación usando la palabra hablada, a diferencia de la escrita y otros métodos de expresión. Página 262.

Dillinger: John Dillinger (1902-1934), infame asaltante de bancos y asesino americano que se escapó de la cárcel en dos ocasiones y que fue declarado "enemigo público número uno" en 1933 por su intervención en numerosos robos y asesinatos, incluyendo el de un policía, llevado a cabo por él mismo junto a miembros de una banda que organizó. Página 192.

disfunción: acción o hecho de funcionar mal o de forma imperfecta, o de no poder funcionar de la manera normal o usual. Página 25.

disminuir: hacer más pequeño o menor en alcance, calidad, etc. Página 137.

doblan las campanas, no mandes a buscar por quién: alusión a un verso del ensayo de carácter religioso "Devociones para ocasiones emergentes" del poeta inglés John Donne (1572-1631), que en parte dice: "Ningún hombre es una isla, un todo para sí; todo hombre es parte del continente, parte de la Tierra..., la muerte de cualquier hombre me disminuye, ya que estoy involucrado con la humanidad; por lo tanto, nunca mandes a buscar por quién doblan las campanas; doblan por ti". Históricamente, las campanas de las iglesias han doblado (tocado lentamente) para anunciar muertes. Página 61.

dócil: fácil de controlar o manejar. Página 160.

doctrina: lo que se enseña o se expone como verdad referente a un tema o sección de conocimiento en particular. Página 116.

domar: aplastar la fuerza emocional o ánimo de alguien. Página 157.

dominado: aprendido a la perfección, totalmente bajo control. Página 12.

Durant, Will: William (Will) James Durant (1885-1981), escritor e historiador americano que popularizó la filosofía. El libro de Durant, *Historia de la Filosofía* (1926) explica en lenguaje llano las ideas centrales de los grandes filósofos del mundo y habla de sus vidas. A pesar de la crítica de muchos críticos y eruditos que condenaron el libro por su estilo simplificado, fácilmente comprensible para el lector medio, *Historia de la Filosofía* fue inmensamente popular, vendiéndose millones de ejemplares en una docena de idiomas. Página 271.

efecto: algo producido por una acción o una causa; resultado; consecuencia. Página 73.

Egipto: en la antigüedad, un reino floreciente y una de las primeras civilizaciones conocidas, situado en el nordeste de África, principalmente a lo largo de la cuenca del río Nilo. Página 205.

electrón: partícula de carga negativa que forma parte de todos los átomos. Página 57.

elemento: uno de los factores que desempeñan un papel o que determinan el resultado de algún proceso o actividad. Página 128.

eliminar: separar o quitar algo indeseable o que no se quiere. Página 11.

eludir: mantener alejado de algo o alguien; rehuir (evitar) deliberadamente. Página 104.

emanar: causar; originar; producir. Página 175.

embotar: debilitar, hacer que algo pierda fuerza, intensidad o agudeza. Página 61.

embrollado: enredado en conflictos y problemas. Página 251.

eminente: elevado en condición, rango o reputación; prominente; distinguido. Página 34.

emoción equivocada: todo lo que sea emoción desagradable, como antagonismo, enojo, temor, pesar, apatía o un sentimiento de muerte. Página 175.

empeñado: que insiste en algo; decidido. Página 64.

emprendedor: que emprende con resolución acciones dificultosas o azarosas. Página 196.

en vías de extinción: decayendo en estatus o condición; muriendo. Página 236.

enclaustrado: recluido o protegido del mundo. Página 273.

encubierto: tapado, oculto o disimulado; que no se practica o muestra abiertamente. Página 92.

energía: un potencial de movimiento o potencia. Sería una fuerza o un flujo, o la fuerza o flujo potenciales, desde algo a otra cosa; o la capacidad de realizar trabajo; o la capacidad de efectuar movimiento. Es movimiento o fuerza potencial o real. Página 12.

enloquecido: chalado; loco; chiflado. Página 182.

entidades de supervivencia/antisupervivencia: las *entidades* son cosas que tienen una existencia independiente o separada; cosas que tienen una delimitación de carácter y de ser. *Entidades* se refiere a personas que son la fuente de algo, en este caso supervivencia o antisupervivencia. Página 162.

entrar en razón: dejar de estar furioso, resentido, etc., y volver a estar de mejor humor. Página 165.

enturbiado: sometido, suprimido. Página 48.

enturbular: causar que algo esté turbulento, agitado y perturbado. Página 137.

eón: período de tiempo inmenso o indefinidamente largo. Página 245.

equilátero: que tiene todos los lados iguales. Página 93.

era de la máquina: nombre dado a una época que se caracteriza por su extenso uso de aparatos mecánicos. Se usa en alusión al siglo XX a causa de su amplio uso de las máquinas y la automatización. Página 228.

Era de los Milagros: período particular de la historia caracterizado por los milagros. Alusión a la era inicial de la Iglesia Cristiana, en la que se dice que tanto Jesús como sus seguidores realizaron muchos milagros, como se narra en la Biblia. Página 27.

erradicar: quitar o librarse de algo o alguien por completo. Página 73.

errar: estar equivocado o desacertado. Página 35.

erudito: que muestra o se caracteriza por conocimiento profundo o extenso; bien informado. Página 34.

esbozo: descripción general que abarca los puntos principales de algo, como un tema concreto. Página 102.

Escala Tonal: escala de tonos emocionales que muestra los niveles del comportamiento humano. Estos tonos, alineados desde el más alto hasta el más bajo, son, en parte Serenidad, Entusiasmo, Conservadurismo, Aburrimiento, Antagonismo, Enojo, Hostilidad Encubierta, Miedo, Pesar y Apatía. Página 92.

esclavista: persona que domina o controla a otros, como alguien que posee a otras personas que no tienen libertad ni derechos personales. Página 272.

esclavitud política: privación de la libertad política, un estado de estar esclavizado o completamente dominado. Página 229.

escuela de pensamiento: manera de pensar acerca de algo, como por un grupo de personas que comparten la misma actitud u opinión. Página 41.

esotérico: más allá de la comprensión o conocimiento de la mayoría de la gente; destinado a sólo unos pocos o únicamente comprendido por ellos. Página 19.

espacio: punto de vista de dimensión. No hay espacio sin punto de vista. No hay espacio sin puntos que ver. Página 12.

especie: grupo o clase de animales o plantas que poseen ciertas características comunes y permanentes que claramente los distinguen de otros grupos y que pueden reproducirse entre sí. También se usa en sentido figurado. Página 158.

"esperar a que algo surja": alusión a una filosofía dc vida practicada por el personaje Wilkins Micawber, de la famosa novela del siglo XIX *David Copperfield,* del escritor inglés Charles Dickens (1812-1870). Micawber, amigo de Copperfield, sale con numerosas ideas para hacerse rico, pero aunque sus diversas empresas fracasan, él nunca se rinde, y continúa con la certeza de que "algo surgirá". Página 115.

espiral descendente: cuanto más empeora un individuo (o algo), más puede empeorar. *Espiral* alude aquí a un movimiento descendente progresivo, y se refiere a un estado que se deteriora inexorablemente y toma forma de espiral. El término procede de la aviación, donde se usa para describir el fenómeno de un avión que desciende describiendo una espiral con círculos cada vez más cerrados, como en un accidente o en una exhibición de acrobacia, y que si no se contrarresta puede dar como resultado la pérdida de control y que el aparato se estrelle. Página 75.

estable: dicho de una persona, que tiene un carácter fiable, constante y firme. Página 117.

establecerse a sí mismo: establecerse o ponerse una persona de una manera concreta, como para ocupar una cierta posición, función o algo así. Se usa a menudo aludiendo a la constitución (composición o naturaleza) mental de una persona. Página 140.

estado de beneficencia: sistema político en el que el gobierno asume la carga principal de sus ciudadanos, como por ejemplo al pagarles directamente cuando están en paro o apoyar financieramente sus necesidades médicas. Página 137.

estado sólido: estado de las cosas que son consistentes, firmes o duras. Página 92.

estupidizado: que tiene muy poca inteligencia; hecho estúpido. Página 160.

ética: racionalidad hacia el nivel más elevado de supervivencia para el individuo, la raza futura, el grupo, la Humanidad y las demás dinámicas tomadas colectivamente. La ética es razón. El arma más poderosa del Hombre es su razón. Página 135.

eutanasia: también llamada "homicidio por compasión", el acto de matar o permitir que muera alguien sin dolor, como al retirarle las medidas médicas extremas a una persona que sufre de una enfermedad o dolencia incurable, en especial una enfermedad o condición dolorosa. Página 64.

evaluación: acción de considerar o examinar algo con el fin de juzgar su importancia, valor o cualidad. Página 36.

evaluar: considerar o examinar con el fin de juzgar su importancia, valor o cualidad; valorar. Página 35.

ex barberos: *barbero* es alguien que corta el pelo y afeita o recorta la barba de los hombres. *Ex barberos* es una referencia a los practicantes médicos modernos (doctores, psicólogos y psiquiatras), que descendieron de barberos que, a lo largo de los siglos, llevaron a cabo prácticas de cirugía y odontología rudimentarias. La psicología tuvo una fuerte influencia del fisiólogo ruso Iván Petrovich Pavlov (1849-1936), quien llevó a cabo experimentos del comportamiento con perros. Pavlov le presentaba comida a un perro mientras hacía sonar una campana. Después de repetir este procedimiento varias veces, el perro (en anticipación) producía saliva con el sonido de la campana, hubiera o no hubiera comida presente. Pavlov llegó a la conclusión de que todo aprendizaje, incluso la actividad mental más elevada del Hombre, dependía de un proceso así, y sus experimentos son la base de la "psicología conductista" hoy en día. Página 158.

experimentación: prueba de algo, por ejemplo un proceso o programa que se propone; se usa para descubrir y resolver problemas antes de su completa implementación. Página 140.

experimentar: el proceso o hecho de observar algo personalmente, encontrarse con algo o padecerlo; confrontar algo. Página 128.

extorsión: presión que, mediante amenazas, se ejerce sobre alguien para obligarle a obrar en determinado sentido. Página 260.

extremo receptor: la persona en el punto *receptor;* la persona, objeto o sitio seleccionado como objetivo de un ataque. Página 175.

falacia: idea falsa o equivocada; error. Página 161.

fallecimiento: muerte; el fin de la existencia de una persona. Página 26.

faltar a la palabra: no cumplir con la palabra o la promesa dada; actuar como un traidor. *Palabra* en este sentido significa una promesa verbal; el deber de cumplir con una obligación. Página 241.

fanático: que no tiene ninguna tolerancia (respeto) con ningún credo, creencia u opinión que sea diferente de la propia. Página 274.

fascista: alguien que practica el *fascismo:* sistema de gobierno dirigido por un dictador que tiene todos los poderes, suprime por la fuerza a la oposición y a la crítica, y reglamenta toda la industria, el comercio, etc. Página 63.

FBI: siglas de la *Oficina Federal de Investigación* (del inglés *Federal Bureau of Investigation),* agencia gubernamental estadounidense fundada para investigar las infracciones de las leyes federales y salvaguardar la seguridad nacional. Página 196.

fe: **1.** Confianza que se tiene en una persona o cosa. Página 19.
2. Religión o sistema de creencias religiosas. Página 25.

fenómenos: hechos, sucesos o circunstancias observadas u observables. Página 218.

ficción: relato que describe eventos y personajes imaginarios, que se escribe, representa o cuenta con la intención de entretener al público. Página 35.

filosofía: conjunto de opiniones, ideas o principios; teoría básica; visión o punto de vista, como los que pertenecen a un campo concreto como en la filosofía política. Página 25.

física nuclear: rama de la física que trata del comportamiento, la estructura y los componentes del centro de un átomo (llamado núcleo), que constituye casi toda la masa del átomo. También en alusión a la bomba atómica creada por físicos nucleares. Página 48.

Floyd, Pretty Boy: Charles Arthur Floyd (1904-1934), gángster, atracador de bancos y asesino americano que atracó más de treinta bancos, asesinando al menos a diez hombres, la mitad de los cuales eran agentes de policía. Página 192.

forrarse: hacerse rico. Página 260.

fortuna: **1.** Supuesto poder que se cree que trae el bien o el mal a la gente; el azar, que se considera que afecta a las actividades humanas. Página 127.
2. Gran riqueza financiera o extensas posesiones materiales. Página 127.

forzarse: obligarse a trabajar, a menudo excesivamente. Página 128.

fragilidad: cualidad de poderse romper con facilidad o susceptible de dañarse o destruirse. Página 159.

fría y cruel: sin emoción ni compasión; deliberadamente dura y violenta. Página 260.

frustrar: bloquear u obstruir, como para impedir que triunfen los planes de alguien. Página 205.

fuera-de-ética: acción o situación en la que un individuo se ve involucrado, o algo que el individuo hace que va en contra de los ideales, mejores intereses y supervivencia de sus dinámicas. Página 236.

fuerzas revolucionarias: grupo de personas que apoyaron la Revolución Rusa de 1917 y lucharon en ella. Las fuerzas revolucionarias, conducidas por los comunistas bajo Vladimir Lenin (1870-1924), derrocaron al zar (emperador de Rusia) y establecieron un gobierno comunista. Página 217.

Galeno: nombre completo, Claudius Galenus (d. C. ¿130?-200), médico griego que erróneamente creía que el hígado convertía el alimento en sangre que luego fluía al resto del cuerpo y se absorbía. Su autoridad indiscutible en medicina desalentó la investigación original e inhibió el progreso médico hasta el siglo XVI, cuando el médico británico William Harvey (1578-1657) descubrió que la sangre circulaba por todo el cuerpo y era impulsada hacia el corazón, con lo que demostró que las teorías de Galeno estaban equivocadas. Página 34.

galeno: médico o cirujano; doctor. Página 260.

ganar un imperio: expandirse y conseguir una mayor influencia, mando y control. Página 141.

gnóstico: de o relacionado con el conocimiento. Página 25.

gracia: elegancia o belleza en la forma, las maneras, el movimiento o la acción. Página 8.

gramitos: alusión jocosa a unos pocos gramos. Página 74.

grito de guerra: literalmente grito de las tropas en la batalla. En sentido figurado es algo que se grita para estimular o dar cohesión a un grupo; consigna. Página 103.

habitable: apropiado o bastante bueno para vivir. Página 9.

hablar a la ligera: hablar de una manera que no es exacta o precisa. Página 260.

hacha de pedernal: herramienta o arma antigua que se hacía dando forma a un pedazo de *pedernal,* una dura roca gris que se mella en pedazos con bordes agudos y cortantes. Página 35.

Harvey: William Harvey (1578-1657), médico inglés que empleando experimentación y procedimientos científicos descubrió la circulación de la sangre y el papel del corazón, con lo que demostró que las teorías de Galeno estaban equivocadas. Página 34.

hazaña: acto o logro que muestra destreza, imaginación, etc., poco comunes. Página 130.

hexaedros: alusión a los cubos (bloques cuadrados) que se usan en los tests psicológicos para que una persona haga ciertas acciones requeridas con los bloques (normalmente de colores) y así, supuestamente, medir su estado mental. Página 150.

Historia de la Filosofía: título de un libro, publicado en 1926 por William (Will) James Durant (1885-1981), escritor e historiador americano y divulgador de la filosofía. El libro explica en lenguaje llano las ideas centrales de los más grandes filósofos del mundo y cuenta sus vidas. A pesar de la crítica de muchos críticos y eruditos que condenaron el libro por su estilo simplificado, fácilmente comprensible para el lector medio, *Historia de la Filosofía* fue inmensamente popular, vendiéndose millones de ejemplares de él en docenas de idiomas. Página 271.

Hitler: Adolf Hitler (1889-1945), líder político alemán del siglo XX que soñaba con crear una raza superior que gobernaría durante mil años como tercer Imperio Alemán. Alzándose al poder de Alemania mediante la fuerza como dictador en 1933, comenzó la Segunda Guerra Mundial (1939-1945), sometiendo gran parte de Europa a su dominio y asesinando a millones de judíos y a otros considerados "inferiores". Se suicidó en 1945 cuando la derrota de Alemania era inminente. Página 192.

hoja de servicio: el registro del empleo de una persona en una rama del servicio militar. Por ejemplo, una hoja de servicio naval contiene documentos como el certificado de nacimiento, certificados escolares, cartas de recomendación, contrato de alistamiento, historial de destinos, historial de cumplimiento, historial médico, rango, etc. Página 274.

Hombre: raza o género humano, la especie humana, la Humanidad. Página 10.

hombre: 1. Varón que ha llegado a la edad adulta, por contraposición a una mujer o un niño. Página 10.
2. Un ser humano, sin importar su sexo o edad; una persona. Página 37.

hombre de la calle: persona común y corriente, especialmente alguien que no tiene un conocimiento especializado en la materia de que se trata. Página 271.

hombres de Dios: personas santas o devotas consagradas al servicio de Dios, como los santos o los profetas. Página 48.

honor: adhesión a las acciones o principios que se consideran correctos, morales y de un alto estándar; integridad; un excelente sentido de lo que está bien y lo que está mal. Página 19.

huir: mantenerse alejado de algo; evitarlo. Página 128.

humanidad: cualidad de ser humano; amabilidad; benevolencia. Página 273.

humanidades: ramas del conocimiento que tratan sobre el pensamiento y las relaciones humanas, especialmente la filosofía, literatura, historia, arte, lenguas, etc., por contraposición a las ciencias naturales (ciencias como la biología, la química y la física, que tratan sobre los fenómenos observables en la naturaleza); las ciencias sociales, incluyendo la sociología (la ciencia o estudio del origen, desarrollo, organización y funcionamiento de la sociedad humana), psicología, economía, ciencias políticas, etc. En un principio, las *humanidades* se referían a la educación que capacitaría a una persona para pensar libremente y juzgar por sí misma, a diferencia de un estudio restringido de las aptitudes técnicas. Página 39.

ideología: doctrina, opiniones o modo de pensar de un individuo, clase, etc.; específicamente, el conjunto de ideas sobre las que se basa un sistema político, económico o social concretos. Página 48.

ileso: que no ha sufrido daño o perjuicio. Página 183.

ilusión: idea falsa; creencia u opinión (sobre uno mismo, algún otro, una situación, etc.) que no concuerda con los hechos o la realidad. Página 165.

imbécil: persona que no tiene toda su capacidad mental o inteligencia; persona estúpida o inconsciente. Página 159.

impenetrable: que no se puede entender. Página 271.

imperio, ganar un: expandirse y conseguir una mayor influencia, mando y control. Página 141.

impulso: ímpetu, motivación. Página 58.

inadvertidamente: sin darse cuenta; sin ser consciente de ello. Página 237.

incendiario: persona que a propósito y con malicia prende fuego a edificios u otras propiedades. Página 174.

incertidumbre: falta de certidumbre; falta de certeza. Página 101.

incidencia: frecuencia con que sucede algo, sobre todo algo indeseado. Página 105.

incógnita: algo que es difícil de entender o de explicar. Página 47.

indicio: indicador, señal o medida que muestra la existencia de algo. Página 205.

indispensable: esencial, que no puede prescindirse de ello. Página 129.

individualidad: suma de características o cualidades que diferencian a una persona de otras; carácter individual. Página 84.

industria: actividad económica dedicada al procesamiento de materias primas y a la fabricación de bienes en las fábricas. Página 129.

industrial: empresario dedicado a la dirección de una industria a gran escala. Página 114.

infalible: siempre acertado, que no puede salir mal o errar. Página 138.

infanticidio: práctica de asesinar a los niños recién nacidos. Página 236.

infectar: contaminar con algo que afecta negativamente a la calidad, carácter o condición de algo; corromper o afectar moralmente. Página 228.

infinito: extensión ilimitada de tiempo, espacio o cantidad; capacidad, energía, excelencia o conocimiento ilimitados. Página 38.

ingenio: conocimiento de cómo hacer una cosa; destreza en la ejecución de algo. Página 58.

iniciativa: poder, capacidad o presteza para comenzar o continuar enérgicamente con un plan o tarea. Página 101.

Inquisición: tribunal especial establecido a finales del siglo XV bajo los gobernantes de España, la Reina Isabel I (1451-1504) y el rey Fernando V (1452-1516). La Inquisición Española identificó, interrogó bajo tortura para sonsacar "confesiones", encarceló, juzgó en tribunales y castigó quemando en la hoguera a personas de la fe judía, la mahometana y, más tarde, la protestante, que tuvieran creencias contrarias a la Iglesia Católica Romana. Por orden de Tomás de Torquemada (1420-1498), el primero y más famoso gran inquisidor y también confesor de los Reyes Católicos, miles de personas fueron expulsadas de España y otros miles de personas fueron asesinadas. La Inquisición fue finalmente abandonada por España en 1834. Página 204.

insensato: que muestra atrevimiento o coraje pero no sabiduría ni sentido común. Página 72.

insidiosamente: de forma que produce un efecto destructivo gradual, acumulativo y habitualmente encubierto. Página 251.

inspiración: influencia externa de la mente (y las emociones) que le impulsa a uno a pensar de determinada manera, emprender cierta acción, etc. Se usa aquí jocosamente. Página 121.

instrucción: acción de comunicar sistemáticamente ideas, conocimientos o doctrinas. Página 27.

instruido: que ha recibido instrucción (transmisión de conocimientos) en un principio, tema, etc. Página 173.

intelecto: capacidad de pensar y adquirir conocimientos, especialmente de un orden elevado o complejo; capacidad mental. Página 150.

intelectual: persona que emplea su tiempo en estudiar, o que dice pertenecer a un grupo de gente sumamente inteligente. Página 271.

interminablemente: de una forma que es continua o incesante; sin fin. Página 36.

invalidación: acción de refutar, degradar, desacreditar o negar algo que alguna otra persona considera que es un hecho; acción de criticar, desacreditar o destruir la validez de alguien o sus pensamientos, emociones o esfuerzos. Página 193.

invalidar: debilitar o hacer menos valioso; desacreditar, anular. Página 121.

invocar: citar, apoyarse o usar algo como una ley en apoyo de un razonamiento o de un caso. Página 228.

ir rumbo directo hacia la muerte: alusión a alguien que está abandonando esta vida, está muriéndose o preparándose para la muerte o yendo en dirección a esta. De la expresión náutica "hacer rumbo", establecer una dirección hacia un punto determinado y comenzar a navegar en esa dirección. De ahí, *"ir rumbo directo hacia la muerte"*. Página 62.

jesuita: miembro de los *jesuitas,* una orden religiosa Católica Romana (Compañía de Jesús) fundada en 1534, sobre todo misionera, que empleaba la educación como el principal medio de difundir sus creencias. Página 157.

Job: en el Antiguo Testamento, un hombre cuya fe fue puesta a prueba, con permiso de Dios, por Satanás. Job era próspero y feliz, alabando con fe a Dios. Para hacer que Job maldijera a Dios, Satanás destruyó todo lo que Job poseía, mató a sus hijos, quemó sus ovejas y pertenencias, robó sus camellos, dio muerte a sus servidores, derribó su casa, y finalmente, llenó a Job de llagas de la cabeza a los pies. Falsos amigos animaron a Job a que abandonara sus creencias y maldijera a Dios. Pero incluso en la miseria, Job no maldijo a Dios y permaneció con fe. La historia culmina con una dramática conversación entre Job y Dios, y debido a la fe firme de Job, Dios le devolvió la salud y le proporcionó el doble de todo cuanto había tenido antes. Página 174.

jornalero: persona que trabaja a cambio de un salario; persona cuyo ingreso mantiene a una familia. Página 149.

juego: en Scientology, un *juego* consta de libertad, barreras y propósitos. Página 83.

larga, a la: al cabo de un tiempo; finalmente. Página 163.

lealtad: fidelidad y sentido del honor. Página 121.

Lenin: Vladimir Ilyich Lenin (1870-1924), líder ruso de la revolución comunista de 1917 quien, por medio de la fuerza y del terror, se convirtió entonces en dictador de la URSS (Unión de Repúblicas Socialistas Soviéticas, grupo de estados anteriormente controlados por Rusia) desde 1917 hasta 1924. Página 217.

Leonardo da Vinci: (1452-1519) pintor, dibujante, escultor, arquitecto e ingeniero italiano que dejó cuadernos de notas con observaciones de ingeniería y científicas que en algunos casos tenían siglos de adelanto con respecto a su época. Página 35.

libertad de acción: grado de discreción permitida; ámbito de elección; tiempo extra, espacio, materiales, etc., dentro de los cuales se puede funcionar. Página 159.

libertinaje: desconsideración abusiva por lo que se considera correcto, apropiado, etc.; libertad abusiva o excesiva. Página 243.

línea de comunicación: ruta por la que viajan las comunicaciones (partículas, mensajes, etc.), de una persona a otra. Página 138.

llevar como a un corderito: guardar o vigilar atentamente, como hace un pastor con sus ovejas. Página 162.

luchar: esforzarse; intentar algo vigorosamente. Página 58.

lugar, dar: seguir como consecuencia. Página 9.

lujo: comodidad o placer intelectuales o emocionales de carácter inusual que se extrae de alguna cosa concreta. Página 114.

mal agüero, pájaro de: persona que acostumbra a anunciar que algo malo sucederá en el futuro. Página 193.

mal tiempo: frase que en sentido figurado se usa para indicar problemas, obstáculos, dificultades, etc., que surgen. Literalmente significa cielo encapotado y oscuro, quizás con lluvia, nubes sombrías, etc. También puede referirse a la turbulencia, la gran fuerza y la intensidad de las olas de gran altura, que pueden hacer que las operaciones normales de un barco sean muy difíciles. Así pues, si uno encara obstáculos, dificultades, etc., podría decirse figurativamente que estaba enfrentándose a "mal tiempo", como en la expresión de uso habitual "a mal tiempo, buena cara". Página 274.

mala suerte: infortunio; desgracia. Página 127.

maldición: causa de desgracia o daño; gran calamidad. Página 100.

maldito: exclamación empleada para expresar irritación, enojo, disgusto, etc. Página 8.

manchas de tinta: alusión a los *tests de manchas de tinta,* cualesquiera de los diversos tests psicológicos en que diversas formas hechas con manchas de tinta sobre un papel se le muestran a una persona para que las interprete, y sus reacciones se emplean para, supuestamente, dar indicaciones sobre su personalidad. Estos tests fueron originariamente desarrollados por el psiquiatra suizo Hermann Rorschach (1884-1922). Página 150.

manifestación: demostración visible o exhibición de la existencia, presencia, cualidades o naturaleza de algo. Página 40.

manifiesta: que se hace a la vista o con conocimiento de otros; plenamente visible o que se puede ver. Página 58.

mano mágica, agitar una: variación de *agitar una varita mágica,* usada en sentido figurado con el significado de producir apariciones o resultados maravillosos en el entorno, como los efectos mágicos que se piensa que produce un mago y que vienen de causas sobrenaturales. Una *varita* *mágica* es un palito alargado que se emplea en los números de magia. Página 8.

manos limpias: estado o condición de no tener engaño o falsedad; honestidad. Página 247.

mapa, borrar del: hacer desaparecer; hacer que algo ya no aparezca en un mapa tras haber sido completamente destruido. Página 74.

marchitarse: perder la frescura de la juventud, debido a la edad. Página 3.

marcianos: supuestos habitantes del planeta Marte. Página 196.

marea: cuerpo de agua que fluye; una corriente. Se usa en sentido figurado aquí en la *"marea de la vida"* para referirse al movimiento de la fuerza de la vida. Página 63.

"mareas" de la sangre: alusión a antiguas teorías de la sangre, como las del médico griego Galeno (d. C. 130?-200), quien erróneamente creía que el hígado convertía la comida en sangre que luego fluía al resto del cuerpo y era absorbida. La *marea* se refiere a algo como las mareas del mar (que suben y bajan cada 12 horas), como al experimentar un aumento seguido de una disminución o una subida y luego una caída. Página 34.

margen: cantidad por encima de lo estrictamente necesario, que se incluye, por ejemplo, por motivos de seguridad o para permitir errores, retrasos u otras circunstancias imprevistas. Página 114.

margen, dejar al: apartar, descartar o rechazar sin dirección ni estabilidad. Página 164.

mártir: persona que prefiere hacer frente a la muerte antes que renunciar a su religión. Página 173.

Marx: Karl Marx (1818-1883), filósofo político alemán cuyas obras constituyeron la base del comunismo del siglo XX y que consideraba a la sociedad como un conflicto entre capitalistas (propietarios de fábricas) y trabajadores. Marx y sus camaradas comunistas acusaban a los capitalistas de condiciones de trabajo miserables, como mala paga para los trabajadores, horarios largos bajo condiciones insalubres y peligrosas y trabajo infantil abusivo. Página 333.

masa: partículas de energía compuestas y comprimidas; materia. Página 101.

matemáticas: rama de la ciencia que se ocupa de números, cantidades y espacios, y que se aplica a la física, la ingeniería y otros temas. Página 25.

materialidad: cosas materiales; lo que es material (formado por materia o que consta de ella; físico); el mundo físico por contraposición a la mente o el espíritu. Página 273.

máxima (vieja máxima, viejo dicho): refrán antiguo, repetido a menudo. Página 105.

mayor bien, basado en el: referencia a la solución óptima a cualquier problema: la solución que produce los mayores beneficios para el mayor número de dinámicas. Tales soluciones conducen a un aumento de la supervivencia en la mayoría de las dinámicas. Página 208.

mecanismo: medio o recurso mediante el que se produce o se lleva a cabo un efecto o se alcanza un propósito, a semejanza de la estructura o sistema de piezas en un dispositivo mecánico para llevar a cabo alguna función o hacer algo. Página 9.

medida disciplinaria: acción de penalización o castigo para entrenar a la gente en la obediencia a las reglas o a un código de comportamiento. Página 183.

mentalidad abierta: una mentalidad accesible a todos los argumentos o puntos de vista. Página 19.

mente reactiva: esa porción de la mente de una persona que funciona completamente a base de estímulo-respuesta (dado un cierto estímulo da una cierta respuesta), que no está bajo su control voluntario, y que ejerce fuerza y poder de mando sobre su consciencia, propósitos, pensamientos, cuerpo y acciones. Página 295.

Mercaderes del Caos: gente que se decida a transmitir, suministrar o pasar malas noticias, confusión y caos. Los *mercaderes* son personas que compran y venden artículos a cambio de un beneficio. *Mercader* es una palabra que a menudo se emplea con otra palabra calificativa, a veces de modo despectivo. Página 259.

meta: objetivo conocido hacia el que se dirige una acción con el propósito de lograr esa finalidad. Página 3.

meterse en: ocuparse en algo, interesarse por ello o quedar absorto en ello. Página 106.

mezcolanza: mezcla confusa; lío. Página 175.

mientras que: en cambio; por el contrario. Página 84.

milenio: período de mil años. Página 47.

militarista: alguien que apoya y promueve con celo los ideales militares. Página 260.

minar: debilitar o causar colapso al retirar soportes subyacentes, como al desenterrar o desgastar los cimientos. Se usa en sentido figurado. Página 37.

miríada: cantidad muy grande, pero indefinida; innumerable. Página 136.

misión: tarea o propósito especial que una persona o grupo cree que es su deber llevar adelante; un deber o función que se da o que asume una persona o grupo. Página 27.

mitad del vuelo, a: en medio de una acción o de una pauta establecida. Página 162.

monocélula: organismo compuesto de una sola célula. Página 58.

monopolio: posesión o control exclusivo sobre una cosa. Página 275.

montaje de cómoda posición: referencia coloquial a una posición conveniente o beneficiosa resultado de un "montaje", es decir un chanchullo o arreglo por medio del cual dos o más partes interesadas se benefician monetariamente u ostentando el poder, usualmente como resultado del trato deshonesto, el oportunismo, la conspiración, etc. Página 34.

montón de los desperdicios: lugar para tirar cosas viejas que ya no sirven. Página 271.

Napoleón: Napoleón Bonaparte (1769-1821), líder militar francés. Se alzó al poder en Francia por la fuerza militar, se declaró emperador y llevó a cabo campañas de conquista por toda Europa hasta su derrota final a manos de ejércitos aliados contra él en 1815. En las Guerras Napoleónicas (1799-1815) murieron medio millón de hombres. Página 192.

nebulosamente: de una forma que es borrosa, vaga, poco clara o confusa. Página 34.

nervio óptico: el nervio que conduce la señal desde el ojo al cerebro. *Óptico* significa relativo al ojo o la visión. Página 274.

neurosis: estado emocional que contiene conflictos y datos emocionales que inhiben las capacidades o el bienestar del individuo. Página 105.

noble: que se caracteriza por ser moralmente bueno y desinteresado; que tiene o muestra cualidades admirables. Página 182.

nobleza: **1.** Altos ideales o un comportamiento y carácter morales excelentes. Página 19.
2. Grupo social privilegiado formado por las personas que tienen título de noble, persona nacida en una clase social elevada que tiene un estatus social o político especial. Página 103.

no-comunicación: falta de comunicación; incapacidad de comunicar. Página 149.

non plus ultra: lo máximo; especialmente lo mejor, lo más perfecto, lo excelente. Página 159.

no-supervivencia: negación o ausencia de supervivencia, el acto de permanecer vivo, de continuar existiendo, de estar vivo. Página 60.

novelas románticas: novelas que retratan hechos heroicos o maravillosos, hazañas románticas, usualmente en un marco histórico o imaginario. Página 241.

objetivo: independiente de lo que es personal o privado en los pensamientos y sentimientos propios; que no depende de la mente para su existencia, en oposición a lo subjetivo. Página 38.

observar: considerar con atención, especialmente para ver o aprender algo. Página 19.

obsesión: preocupación con algún tema, cuestión, etc. Página 195.

obsoleto: anticuado, inaceptable según los estándares actuales. Página 63.

operación oscura: actividades o negocios ilegales o no éticos, especialmente de un tipo hábil y astuto que manipula los acontecimientos y a la gente mediante chantaje y otros medios ilegales, con tal de conseguir sus propios propósitos. *Oscuro* alude a algo malo, perverso, injusto, secreto y escondido. También denominada *operación negra.* Página 229.

opresión: presión, como de fuerza o amenazas, para hacer que alguien actúe o piense de cierta forma contra su voluntad o mejor criterio. Página 191.

óptimo: sumamente bueno, lo mejor. Página 60.

organismo: forma de vida individual; un cuerpo. Página 27.

oropel, camino de: *oropel* es una lámina muy fina de latón o de papel o plástico que imita el oro para producir un efecto brillante. Se usa en sentido figurado con el significado de engañosamente brillante o valioso.

De aquí que un *camino de oropel* sería un curso de acción o de conducta atractivo que en realidad tiene poco valor o utilidad. Página 114.

palabra, faltar a la: no cumplir con la palabra o la promesa dada; actuar como un traidor. *Palabra* en este sentido significa una promesa verbal; el deber de cumplir con una obligación. Página 241.

palpable: que se percibe con facilidad con la mente o con uno de los sentidos, hasta el punto de casi poder sentirse físicamente. *Palpable* viene del latín que significa "que puede ser tocado". Página 100.

pan: referencia al alimento en general o cualquier medio de supervivencia o sustento, como en: "ganarse el pan". Página 259.

pan diario: aquello con lo que uno se gana la vida diaria; medio de supervivencia; sustento. El *pan diario* es la comida o las provisiones necesarias para la supervivencia cotidiana. Página 259.

Pandeterminismo: *pan* significa totalidad, a lo largo, y *determinismo* significa la capacidad de determinar el curso de algo o una decisión acerca de algo. De ahí, *Pandeterminismo* significa la disposición de un individuo para determinar las acciones de uno mismo y otros. Significa un determinismo más amplio que el de uno mismo. Un individuo que es Pandeterminado es determinado en las ocho dinámicas. Página 102.

panorama: vista o ámbito completo y de gran amplitud. Página 99.

paridad: estado o condición de ser igual que otra cosa, o estar al mismo nivel en cuanto a cantidad, estatus o carácter. Página 150.

parte baja de la escala: situado en el medio o la parte baja de una escala o moviéndose hacia ella; condición, estado o posición más baja o peor. Página 150.

partícula: pequeña pieza de algo. Parte, porción o división de un todo. Página 92.

pasatiempo: forma de esparcimiento (diversión, juego o deporte). Del término francés *passé-temps* que significa pasar el tiempo. Página 99.

pasión dominante: el objeto principal o predominante de intenso interés en un tema o actividad concretos. Página 236.

patrón de medición: algo según lo que se mide o juzga el valor, la valía, la condición, etc. Página 34.

pavonearse: caminar con un porte pomposo (ostentoso) y envanecido (arrogante, presuntuoso), como con la cabeza erguida y el pecho sacado, para intentar impresionar a los observadores. Página 182.

peleas: ruidosas disputas o altercados. Página 151.

pelele: prenda de una sola pieza para un niño que combina una camisa y pantalones cortos. Página 162.

pensión: suma de dinero pagada regularmente como prestación de jubilación por servicios prestados en el pasado a un patrón. Página 113.

peón: algo o alguien que puede ser usado para ventaja propia. Página 12.

perdurar: persistir o seguir siendo activo o efectivo. Página 47.

perpetrado: cometido o llevado a cabo. Página 191.

personalidad básica: el individuo mismo. El individuo básico no es un desconocido enterrado o una persona diferente, sino una intensificación de todo lo mejor y más capaz en la persona. Página 237.

perturbación: algo que está en un estado turbulento, agitado; conmoción o trastorno. Página 64.

pesar: sufrimiento mental y emocional causado por la pérdida o la decepción; tristeza, pesar o lamentación. Página 74.

peso, hacer sentir su: afirmar la propia autoridad de uno. Se usa en sentido figurado. Página 159.

piedra angular: base o fundamento principal de algo. Página 91.

pique, a: a un estado de desastre o ruina. Página 150.

plancton: colección de pequeños organismos microscópicos, incluyendo las algas, que flotan o van a la deriva en gran número en agua dulce o salada cerca de la superficie o en ella y que sirve como alimento para peces u otros organismos más grandes. Página 38.

planta: edificio o grupo de edificios para la fabricación de un producto; factoría o fábrica. También el equipo, incluyendo la maquinaria, herramientas, instrumentos e instalaciones, y los edificios que los contienen, requeridos para el funcionamiento de una industria o manufactura. Página 115.

plantear: exponer o presentar algo, como un problema, un peligro o algo parecido. Página 38.

plutonio: elemento metálico radiactivo que se usa en los reactores y armas nucleares. Página 74.

poder de elección: capacidad o facultad de determinar o decidir algo (como un curso de acción). Página 106.

polo: deporte que se juega montado a caballo con dos equipos de cuatro jugadores cada uno, que intentan conducir una pequeña pelota de madera hasta la portería de los oponentes. Página 99.

poniéndose a las órdenes: de una manera particular; al estilo de algo. Página 140.

por cuanto: introduce la razón que se va a dar de algo. Página 25.

postulado: algo presupuesto como verdadero, real o necesario, especialmente como base para el razonamiento. Página 35.

practicar el libertinaje: entregarse sin consideración alguna a realizar actos que ignoran todo lo que se considera correcto, apropiado, etc.; tomarse una libertad excesiva. Página 243.

predecesor: algo previamente en uso o en existencia y al que otra cosa ha sustituido o sucedido. Página 25.

predeterminado: dirigido o con tendencia a un curso de acción en particular de antemano. Página 26.

predisposición: condición que le hace a uno tender o ser propenso a una enfermedad, dolencia, etc. Página 26.

preponderancia: hecho o cualidad de tener mayor influencia, fuerza, peso, etc.; prevalecer (tener poder o influencia superiores). Página 34.

prerrogativas: derechos, privilegios, etc., limitados a una persona concreta o a personas de una categoría en particular. Página 136.

prescindible: que se puede sustituir por otro, o hacer algo sin él. Página 129.

Pretty Boy Floyd: Charles Arthur Floyd (1904-1934), gángster americano, atracador de bancos y asesino, que robó más de treinta bancos, asesinando al menos a diez personas, la mitad de las cuales eran policías. Página 192.

principios: doctrinas o creencias sostenidas como verdad. Página 36.

privilegiada posición: posición o ubicación que proporciona una visión amplia o una perspectiva de algo. Página 99.

procesamiento: asesoramiento de Scientology. Con procesamiento se quiere decir la ejercitación verbal de un individuo utilizando procesos exactos de Scientology para ayudar al individuo a tener mejor control de sí mismo, su mente, la gente y el universo a su alrededor. Página 105.

proceso: serie exacta de pasos, acciones, ejercicios y prácticas utilizados en el procesamiento de Scientology para ayudar al individuo a tener un mejor control de sí mismo, su mente, la gente y el universo a su alrededor. Página 25.

profeta: maestro inspirado; aquél que habla por Dios o cualquier deidad como intérprete de su voluntad. Página 174.

propenso: que tiene tendencia o inclinación natural hacia algo; que es probable que haga algo. Página 237.

proporción: relación correspondiente entre dos o más cosas; relación proporcional. Una *proporción* se expresa a veces como un número o cantidad en relación con otro número o cantidad. Por ejemplo, si una persona pasa diez horas dentro y una hora fuera, la proporción es de 10:1 o diez a una. Página 33.

propósito: resultado propuesto o deseado; objetivo; meta. Página 40.

proscribir: prohibir algo que se considera indeseable. Página 138.

prosupervivencia: de *pro-*, a favor, y *supervivencia*. De ahí, *prosupervivencia* es algo a favor o en apoyo de la supervivencia, el acto de seguir vivo, de continuar existiendo, de estar vivo. Página 243.

protón: partícula de carga positiva que forma parte de todos los átomos. Página 57.

provocación: algo que se hace para enfadar o irritar a alguien, especialmente cuando se hace adrede. Página 183.

psicología: psicología moderna, desarrollada en 1879 por el profesor alemán Wilhelm Wundt (1832-1920), en la Universidad de Leipzig, en Alemania, quien concebía que el Hombre era un animal sin alma, y basó todo su trabajo en el principio de que no existía la psique (palabra griega que significa "espíritu"). La psicología, el estudio del espíritu (o mente), se colocó entonces en la peculiar posición de ser un estudio del espíritu que negaba el espíritu. Página 11.

psicosis: conflicto de órdenes que *reduce gravemente* la capacidad de un individuo para resolver sus problemas en su entorno, hasta tal punto que no puede adaptarse a cierta fase vital de sus necesidades ambientales. Página 149.

psicosomático: *psico* alude a la mente y *somático* alude al cuerpo; el término *psicosomático* quiere decir que la mente hace que el cuerpo esté enfermo, o dolencias creadas físicamente en el cuerpo por la mente. La descripción de la causa y fuente de las enfermedades psicosomáticas está contenida en *Dianética: El Poder del Pensamiento sobre el Cuerpo*. Página 26.

punto de vista: cada uno de los modos de considerar o ver un asunto u otra cosa. Página 25.

punto-efecto: aquello hacia lo que emana (fluye hacia fuera, como desde una fuente u origen) algo; el punto receptor de un impulso. Página 173.

quilla: pieza larga de madera o acero a lo largo del fondo de un barco, que forma la mayor parte de su estructura y contribuye a mantener al barco equilibrado en el agua. Página 149.

raíz: el origen o fuente de una cosa. Página 149.

ratificación: confirmación o aprobación oficial, como de personas, procedimientos, etc. Página 37.

raza: grupo de personas relacionadas por una historia, nacionalidad, distribución geográfica, características físicas (color, rasgos faciales, tamaño, etc.) comunes. Página 84.

razón fundamental: principio que explica o subyace a una determinada acción, o una declaración en que se exponen las razones o principios. Página 135.

reactivamente: irracionalmente; de una manera que muestra que uno está afectado por la mente reactiva. Página 244.

Real Academia de Medicina: referencia al *Royal College of Physicians of London (Colegio Real de Médicos de Londres)*, el instituto médico más antiguo de Inglaterra, fundado en 1518. Página 34.

realidad: "aquello que parece ser". La realidad es fundamentalmente acuerdo. Lo que acordamos que es real es real. Es una de las tres partes del A-R-C (afinidad, realidad y comunicación). Página 8.

recaudación: dinero que entra en un negocio por la venta de mercancías o servicios. Página 260.

reclutar: elegir de entre un grupo para el servicio militar obligatorio. Página 106.

recompensa: pago que se da a alguien como intercambio por un trabajo o por llevar a cabo un servicio. Página 242.

recriminaciones: acusaciones que se hacen contra alguien que previamente ha hecho acusaciones contra uno. Página 219.

recurrir: el acto o situación de acudir a algo para asistencia, uso o ayuda. Página 26.

regla de oro: regla de conducta ética. La regla de oro se formula tradicionalmente como: "Haz a los demás lo que te gustaría que ellos te hicieran a ti". Página 173.

reparto de personajes: literalmente, los actores de una obra. De ahí, personas que son parte de un suceso o serie de sucesos verdaderos. Página 192.

resurgimiento: acción de recobrar fuerzas o vigor. Página 63.

retaguardia: parte trasera de un ejército o fuerza armada que avanza. De ahí, cualquier grupo de personas que, más que abrir camino, viajan muy por detrás de otros respecto a los nuevos desarrollos, ideas o acciones. Página 48.

retardo de comunicación: lapso de tiempo que transcurre entre el planteamiento de una pregunta o la originación de una afirmación y el momento exacto en que se responde esa pregunta o afirmación originales. *Retardo* significa no mantener un ritmo deseado o no estar a la altura de algo; retrasarse o quedarse atrás. Página 150.

retorcido: dicho de una persona, de intención sinuosa (que trata de ocultar el propósito o fin a que se dirige); dicho del lenguaje o del modo de hablar, confuso o de difícil comprensión. Página 203.

reumatismo: dolencia de las extremidades o de la espalda que se caracteriza por dolor y agarrotamiento. Página 73.

Revolución Francesa: rebelión en Francia entre 1789 y 1799 que derrocó a la familia real y a la clase aristocrática y el sistema de privilegios de que disfrutaban. La revolución fue, en parte, una protesta contra la monarquía absoluta, la nobleza improductiva y consolidada y la resultante falta de libertad de las clases medias en Francia. Durante la revolución, 300.000

personas fueron detenidas y 17.000 fueron decapitadas en la guillotina. Página 103.

revolucionario: relativo a la *revolución*, el derrocamiento y sustitución de un gobierno o sistema establecido, usualmente llevado a cabo por las personas gobernadas. Página 100.

rienda suelta, dar: dar libertad sin restricciones de movimiento, elección o acción. Una *rienda* es una tira larga de cuero sujeta al bocado (parte del freno que entra en la boca de la caballería) por cada lado de la cabeza de un caballo o de otro animal, con la que lo controla y conduce el jinete o cochero (persona que conduce un coche, normalmente de caballos). El término *rienda suelta* procede del sentido literal de usar riendas para controlar a un caballo. Página 191.

roca: fuente de peligro o destrucción, que sugiere un naufragio. Página 38.

Roma: alusión al imperio de la antigua Roma (que en su apogeo [punto culminante] incluía el oeste y sudeste de Europa, las Islas Británicas, el norte de África y las tierras del este del mar Mediterráneo) que duró desde el año 27 a. C. hasta el 476 d. C., cuando cayó ante las tribus germánicas invasoras. En el último siglo del Imperio, las condiciones iniciaron un imparable declive debido a la desintegración económica, la debilidad de los emperadores, las tribus invasoras y a que el gobierno central proporcionaba pocos servicios y poca protección mientras exigía mayores impuestos. Página 205.

rueda dentada: el término *rueda dentada* se puede usar de manera despectiva para describir a un trabajador individualmente (una rueda dentada) como alguien que lleva a cabo acciones minúsculas y automáticas como parte de una insensible "máquina" mayor. Esta visión del trabajador como un "peón" controlado por fuerzas mayores fue popularizada por Karl Marx a fines del siglo XIX. Marx veía al trabajador, no como un individuo creativo y vivo, sino simplemente como parte de una masa o clase de "peones" similares que llevaban a cabo sus labores de manera tediosa (monótona y aburrida). Una *rueda dentada* es una rueda con dientes (llamados piñones), hechos de madera dura o metal que se insertan entre los dientes de otra rueda de manera que engranen. Al rotar una rueda dentada, la otra rueda también gira, transfiriendo así el movimiento para impulsar la maquinaria. Se usa en sentido figurado. *Véase también* **Marx.** Página 130.

rumbo, trazar el: planificar, registrar y controlar el curso y la posición (de un barco o de un avión). De ahí, seguir un curso planificado a lo largo o a través de la vida. Página 113.

rutina diaria: alusión a un trabajo diario repetitivo, considerado aburrido, monótono y agotador. Página 114.

sabios: hombres de gran conocimiento, especialmente personas que son muy respetadas por su sabiduría, experiencia y juicio. Página 174.

sacrificar: dejar marchar; despedir o destituir. Página 139.

salas del saber: edificios usados por una universidad para la enseñanza o la investigación. Página 271.

salirse de: evitar, escapar o alejarse de algo. Página 106.

salmodia: canto u oración monótona y repetitiva. Página 100.

scientologist: alguien que mejora las condiciones de sí mismo y las condiciones de otros usando la tecnología de Scientology. Página 25.

scientologist entrenado: persona que tiene un conocimiento especial sobre el manejo de la vida. Consigue esto mediante el *entrenamiento,* que es una actividad formal (a diferencia de la lectura o interés informales) en que se imparte la filosofía o tecnología de Scientology a un individuo o grupo y culmina con la concesión de un grado o certificado. Página 27.

Scientology: Scientology se dirige al espíritu. Scientology se usa para aumentar la libertad espiritual, la inteligencia, la capacidad, y producir inmortalidad. Se define además como el estudio y manejo del espíritu en relación consigo mismo, los universos y otra vida. Página 3.

secta: grupo de personas exclusivo o cerrado (que no está abierto a otros grupos ni en comunicación con ellos) que comparten algún interés o creencia. Página 262.

sedante: droga que se usa principalmente para provocar somnolencia y sueño. Los sedantes causan hábito y pueden causar graves problemas de adicción. Página 248.

ser: persona; identidad. Página 60.

sesos y los músculos, los: inteligencia (sesos, cerebro) y fuerza muscular. Página 164.

Shakespeare: William Shakespeare (1564-1616), poeta inglés y escritor de muchas obras dramáticas; el dramaturgo (autor de obras de teatro) más famoso de todos los tiempos. Página 35.

Sicilia: la isla más grande del Mediterráneo; Sicilia es una región de Italia, situada frente al extremo sudoccidental de la península italiana. Página 215.

siniestro: de apariencia antipática o amenazante. Página 273.

sobrecarga: peso o carga, como de información, datos, etc., que es excesiva, más de lo que alguien puede fácilmente asimilar, retener o usar. Página 37.

sociable: que se caracteriza, se entrega o tiene que ver con una relación o compañía amigable; que busca o disfruta de la compañía de otros; amigable. Página 161.

sociedad tecnoespacial: sociedad que ha avanzado hasta el punto de los viajes espaciales, y que está orientada hacia la tecnología. Del griego *tecno,* elemento compositivo que significa técnica. Página 228.

sofocado: apagado o destruido; vencido. Página 165.

solvente: algo que resuelve o zanja; algo que tiene la capacidad de causar que desaparezcan o se desvanezcan cosas como los problemas, las situaciones, etc. Página 93.

subjetivo: existente en la mente; dependiente de la mente o de la percepción individual para su existencia, a diferencia de lo objetivo. Página 38.

subordinado: de importancia menor o secundaria. Página 102.

subordinar: someter (a alguien o algo) o hacerle dependiente o sumiso (obediente, subordinado). Página 228.

subversivo: implicado en actividades dirigidas a minar o derrocar a la autoridad. Página 165.

sucumbir: no sobrevivir; dejar de existir. Página 58.

sumirse en el vertedero: caer en un estado de fracaso o ruina, deterioro o colapso. Un *vertedero* es un lugar en el que se arroja basura y otros deshechos. Se usa en sentido figurado. Página 246.

superstición: temor irrazonable o miedo irracional de lo que es desconocido o misterioso, especialmente en relación con la religión; creencias o prácticas religiosas basadas en el miedo o la ignorancia. Página 11.

supervivencia/antisupervivencia, entidades de: las *entidades* son cosas que tienen una existencia independiente o separada; cosas que tienen una delimitación de carácter y de ser. *Entidades* se refiere a personas que son la fuente de algo, en este caso supervivencia o antisupervivencia. Página 162.

suprimir: aplastar, sofocar, hacer más pequeño, impedir dejar alcanzar, hacer que sea incierto el alcanzar, disminuir o hacer que resulte dañino por cualquier medio posible para el individuo o grupo y para la supuesta protección de un supresor. Página 64.

Tao: el *Tao Teh King,* doctrina y filosofía escrita por Lao-tse (604-531 a. C.) en verso. Literalmente significa "El Camino" y es el fundamento del *taoísmo,* una filosofía china que aboga por una vida simple y una política de no interferencia con el curso natural de las cosas. Página 25.

taxidermista: el que práctica el arte o la capacidad de preparar, rellenar y exponer animales muertos para exhibirlos como si estuvieran vivos. Página 40.

técnica: los procedimientos y métodos especializados usados en cualquier campo específico. Página 33.

tecnología: método o metodología que aplica conocimientos técnicos; la aplicación de conocimiento científico con fines prácticos. Página 48.

tecnología: los métodos de aplicación de un arte o ciencia en contraposición con el mero conocimiento de la ciencia o arte como tales. En Scientology, el término *tecnología* se refiere a los métodos de aplicación de los principios de Scientology para mejorar las funciones de la mente y rehabilitar los potenciales del espíritu, desarrollados por L. Ronald Hubbard. Página 48.

tensión: supresión en una o más partes de la vida de una persona. Página 71.

tenso: en estado de tensión física, moral o espiritual. Página 251.

terapéutico: que tiene un buen efecto sobre el cuerpo o la mente; que aporta una sensación de bienestar. Página 26.

terapia: aquello que tiene poder o cualidad curativos. Página 157.

Tiempo: cuando dices tiempo, simplemente estás diciendo persistencia. Ese es el lema del tiempo. Eso es lo que es el tiempo, eso es lo que el tiempo significa. Tiempo significa un ritmo uniforme de persistencia. Página 85.

tierra yerma: área extensa de tierra incultivable, intensamente erosionada y con poca vegetación. Página 215.

tifoideo: perteneciente o relativo al tifus, infección grave, y a veces mortal, del sistema digestivo, causada por comida o agua contaminada. Página 39.

tirada: número de ejemplares de una publicación que se han vendido o distribuido a los lectores durante cierto período. Página 260.

tolerar: permitir que ocurra una acción, situación, etc., sin sentir incomodidad ni desasosiego. Página 106.

tomar partido: dar apoyo a una persona o grupo en lugar de al opuesto; estar de parte de uno de los lados. Página 103.

tomos: libros, especialmente muy pesados, libros grandes o eruditos (llenos de conocimientos). Página 161.

tono: nivel emocional de una persona. Página 92.

tornillos, tests con: referencia jocosa a la expresión "faltar un tornillo", que significa volverse loco o perder la cordura. Página 150.

tradición: creencia, costumbre o manera de hacer algo que ha existido durante un largo período de tiempo entre un grupo particular de personas, o un conjunto de estas creencias o costumbres. Página 25.

traficar: dedicarse a actividades irregulares, como vender algo ilegalmente, especialmente drogas. Página 242.

traicionera: que da una falsa apariencia de seguridad o fiabilidad; que no se puede confiar en ella. Página 149.

tramar: planificar algo de antemano (a veces de manera secreta). Página 106.

trampa: artefacto de distintas formas y mecanismos que sirve para cazar animales mediante un dispositivo que se cierra aprisionando al animal cuando este lo toca. Se usa en sentido figurado. Página 101.

tranquilizante: cualquiera de ciertos tipos de drogas dadas como un supuesto agente calmante para controlar diversas condiciones emocionales. Página 248.

trastornar: alterar el orden regular de algo; perturbar la condición normal o el funcionamiento de algo. Página 34.

tribulación: dolor o sufrimiento de las condiciones que son mental o físicamente difíciles de superar. Página 99.

tribunal: grupo de personas ante quienes se llevan a cabo casos judiciales; también el lugar donde estas se reúnen. Página 242.

turbulencia: cualidad o estado de estar turbulento (caracterizado por alteración, desorden o violencia o mostrándola); desorden o conmoción violentos. Página 37.

unión: combinación de dos cosas en una. Página 48.

universo físico: el universo de materia, energía, espacio y tiempo. El universo de los planetas, sus rocas, ríos y océanos, el universo de las estrellas y galaxias, el universo de los soles ardientes y del tiempo. Página 11.

van y se casan: casarse (dos personas) de sopetón, repentinamente. "Van y" alude a hacer algo abruptamente y por sorpresa. Página 149.

Vedas, los: los *Himnos Vedas,* los primeros escritos registrados. Son la literatura sagrada más antigua de los hindúes (los nativos de la India), que comprenden más de un centenar de libros que aún existen. Hablan de la evolución, de la llegada del Hombre a este universo y la curva de la vida, que es el nacimiento, el crecimiento, la degeneración y la decadencia. Página 25.

verosímil: digno de crédito (que se puede creer). Página 10.

versado: familiarizado con los detalles esenciales o los datos de un tema; que tiene buena formación o mucho conocimiento sobre una materia. Página 261.

viruela: enfermedad infecciosa grave que causaba manchas que dejaban grandes marcas en la piel y a menudo era letal. La viruela ha sido erradicada mundialmente por programas de vacunación (tratamiento que le hace a uno inmune a la enfermedad). Página 196.

visionario: soñador; persona cuyas ideas, planes, etc., son poco prácticos o demasiado fantásticos. Página 100.

visualizar: imaginar (algo que todavía no existe); crear una imagen en la mente, en especial de algún suceso o evento futuros. Página 121.

vitalidad: vigor mental o fortaleza física que se aplican con entusiasmo. Página 65.

vivisección: práctica de operar animales vivos para estudiar estructuras, funciones y enfermedades. Página 34.

voluntad: facultad de decidir y ordenar la propia conducta. Página 65.

vudú: conjunto de creencias y prácticas originarias de África que incluyen magia y el supuesto ejercicio de poderes sobrenaturales mediante la ayuda de espíritus malignos. Página 74.

Índice Temático

A

aberraciones

es posible erradicarlas, 73

mal, el, 161

niño propenso a los accidentes, 165

temas de ética y justicia, 245

aborto, 236

Aburrimiento, 92

accidentes

del destino, 113

mal funcionamiento espiritual, 26

por qué la gente se los causa a sí misma, 237

propenso a los accidentes, 63

niño, 165

acciones (actos)

demasiados actos dañinos, 237

actitud

hacia

ti y hacia otro, 11

vida, 8

actos malos

definición, 175

acuerdos

comunicación y base para acuerdo, 94

organismos, 62

prueba del gran público para la cordura, 34

realidad, 93

adicción al alcohol, 250

adulto

derechos sobre los niños, 157

tratar a un adulto como se trata a un niño, 158

afinidad, 91-94

comunicación, 94

relación con realidad, 93

definición, 91

directivo, tiene afinidad por el grupo, 139

Afinidad, Realidad y Comunicación, *véase* **A-R-C**

agotamiento

capaz de trabajar sin ella, 128

aleatoriedad incontrolada, 119

alivio
- Personalidades Antisociales, 196

alma
- búsqueda del Hombre en pos de su alma, 47-49
- enloquecida, 182
- hombre, alma inmortal, 49
- respuesta al problema del alma humana, 48

amenaza
- directivo que no conduce al grupo con amenazas, 141
- mercaderes del caos, 260

amor, 241
- camino hacia la fortaleza, 184
- crianza de los niños, 157
- elección de la pareja, 149
- entrénalo, contrólalo y perderás el amor del niño, 161
- los semejantes de uno, 181, 182

ansiedad
- niño coaccionado, 162

Antagonismo, 92

Apatía, 92
- aceptar conocimiento sin cuestionarlo, 39
- dependencia de la suerte, 119
- niño, contribución, 163
- rutina diaria, 114

aprendizaje
- ciclo, descripción, 37

A-R-C
- definición, 94
- Escala Tonal, fundamento, 94
- miembro de un grupo, 138

arrepentirse
- ocultar, 175

artista
- imán para la Personalidad Antisocial, 195

artritis
- descripción, 74

Asia, 273

auditor, 74

autodestrucción
- ejemplos, 250
- Napoleón y Hitler, 246
- ricos políticos y criminales financieros, 250

Autodeterminismo
- demencia, 161
- juegos, 102
- niño
  - derecho, 158
  - dulzura y amor, 158
  - luchar por su autodeterminismo, 159

autoestima, 250

Autoridad
aceptación, 34
frente a
pensar por uno mismo, 38
tus propios datos, 36
Regla, 34
ayuda
a pesar de todos los actos brutales contra uno mismo, 182
enloquece a la Personalidad Antisocial, 195
usar la sabiduría para ayudar, 275

B

Babilonia, 215
bancos
almacenaje de dolor, 74
barreras
elemento de los juegos, 100
libertad entre, 101
bebé
sonreír, contribución, 164
belleza
dotar a las cosas de magia, 9
bien, el
mal, el, 237-241
biología, 38
bomba atómica, 11
borrar
dolor, 73
buen control
definición, 119
bueno
buena conducta, definición, 175
definición, 238
Hombre, básicamente bueno, 161, 237
tener más razón que lo equivocado que se esté, 239

C

Caldea, 215
camarillas
directivo actúa para la organización, no para camarillas, 139
cambiar
actos malos contra uno y rehusarse, 182
capacidad de no cambiar, a pesar de la provocación, 183
caos
mercaderes del caos, crear caos, 259
periódicos, 260
caos, mercaderes, *véase* **mercaderes del caos**

capacidad
conservar un trabajo, 127
para manejar la confusión, 118
capataz
emergencias y confusión, 116
mal control de su parte, 119
poner orden, 117
caridad, 114
castigo
aprendizaje y amenaza, 40
ausencia de ética y castigo de uno mismo, 246
causa
lado efecto de la vida, 174
obsesiva, 173
causar
cosas que los demás puedan experimentar con facilidad, 173, 176
cave-in
definición, 245
celos
rupturas matrimoniales, 151
células
monocélula, 58
organismo y pérdida de aquellas, 72
vida, 58
cerebro
frente a mente, 60
cero
influencia, 246
certeza
control, 119
definición, 118
chismes
maliciosos, 64
chismoso, 193
ciclo
de concepción, nacimiento, crecimiento, deterioro y muerte, 59
ciclo-de-acción
Antisocial no puede terminarlo, 194
Personalidad Social, 208
ciencia
mundo de la Autoridad frente a la ciencia, 38
política, 39
proviene de la filosofía, 271
punto de unión con la religión, 48
Ciencia Cristiana, 173

civilización, 130
canto del cisne de toda gran civilización, 205
razones de que perecieran las del pasado, 219
cobarde
inevitablemente un mentiroso, 241
códigos morales
abandono, 251
grupo que desea practicar el libertinaje contra aquellos, 243
origen, 243
competencia, 101
comportamiento
predicción, 93
comprensión
definición, 94
del movimiento confuso, 117
grandeza, 182
Hombre, le gusta, 273
niño necesita seguridad y comprensión, 165
subordinados, 140
comunicación
afinidad, 94
realidad, 93
alterarla para empeorarla, 193
dinámicas, 247-251
intención de enviar e intención de recibir, 94
la transmite sin mucha alteración, 207
matrimonial
cónyuges, 150
éxito, 149, 151
mejorar, 26
solvente de todas las cosas, 93
vértice más importante del Triángulo de ARC, 93
volver a poner en comunicación a la persona deshonesta, 228
conceptos de supervivencia a largo plazo, 236
conclusiones
estudio, llegar a tus propias conclusiones, 40
condiciones de no-juego
descripción, 100
conducta
destrucción, miedo y conducta no ética, 241
principios morales y código de buena conducta, 243
supervivencia y conducta ética, 239
confianza
paz en la Tierra, el día que podamos confiar plenamente los unos en los otros, 229

conflicto
beingness frente a *razones*, 218
conflicto matrimonial, causa, 218
Tercer Partido, 216
confrontar
capacidad para confrontar el trabajo, 128
espiral descendente frente a confrontar, 174
confusión, 113-122
aleatoriedad incontrolada, 119
anatomía, 116
cómo manejar, mundo del trabajo cotidiano, 113
dato estable que se adopta en una, 121
definición, 115
Doctrina del Dato Estable, 117
dominarla, 118
ejemplos, 116
incertidumbre, estupidez e inseguridad, 118
mercaderes del caos, 259
órdenes contradictorias, 115
periódicos, 260
conocimiento
aceptar sin cuestionar, 39
dato estable y conjunto de, 117
de la energía, Scientology, 12
de la ética, 248
destrezas, tecnología y conocimiento, 138
filosofía y búsqueda del conocimiento, 271
funcionalidad, 272
mayor dato posible, 36
ruta hacia el conocimiento, 273
consciencia
de qué depende, 74
devolver una consciencia plena, 73
disminución, 72
elevarla, 71-75
persona deshonesta, esclavo de sí mismo, 227
plena, definición, 65
Conservadurismo, 92
construcción
destrucción, 238
contribución
miembro de un grupo y derecho a contribuir, 136
niño y derecho a, 163
recibir más que dar, 163
control
buen control, 119
con fuerza, 62
contribución frente a control, 164
de las barreras, 103
del trabajo, 127

diferencia entre el buen y el mal control, 119
intención, 119
mal control, 119
niño, 165
pleno control de sí mismo, 158
posesiones propias, 159
suerte y abandono del control, 119

corazón
erradicar uno en mal estado, 74

correcto
incorrecto, 237-241
supervivencia, 239

creador de metas
metas, tal y como las ve, 139

Credo
de un Directivo Bueno y Diestro, 139-141
de un Miembro de un Grupo Verdadero, 136-138

crimen
definición, 244

criminales
antisocial y anti-sí-mismo, 244
dejar pistas en el escenario, 237
derechos, 227
famosos, 192
no sobreviven bien, 242
sociedad llena de ellos, 241

criminalidad
Personalidades Antisociales, 191, 194

cristianos, 173

criterio
tareas y derecho, 138
valor individual para todo el grupo, 139

crítica
de otros por su propio bien, 64
no se molesta en transmitirla, 206

crueldad
actuar basándose sólo en un gusto por la crueldad, 183

Cuarta Dinámica
definición, 84

cuerpo, 59
capaz de repararse a sí mismo, 73
espíritu, 26
mecanismo de energía, 12
persona manejando uno, 27
viviente frente a muerto, 59

culpable
fuera-de-ética, 251
sentirse, 249

cultura

espiral descendente, 235

va camino de sucumbir, 240

D

dato estable, 117-122

confusión y desestabilizarlo, 121

doctrina, 117

la otra cara, 121

invalidarlo, 122

mantener un empleo, 120, 122

trabajo y sociedad, 128

usarlo al enseñar, 118

datos

comprobarlos uno mismo, 37

confusión y dato básico sencillo, 118

dato de magnitud similar, 36

Dato Primario, 36

estable, *véase* **dato estable**

estudiante haciéndose preguntas al respecto, 33

evaluación, 36-38

imponerlos, 36

niño, contribución, 164

soluciones y verdad de los datos, 140

da Vinci, Leonardo, 35

de, 106

deber

desempeño óptimo, por todos, 138

niño, ocuparse de ti, 165

decencia

grandeza y ser fiel a tu propia decencia, 182

preservar, 183

decisión

derechos de los niños para tomar sus propias decisiones, 162

degradación, 241

camino de salida, 248

demencia

acuerdo, 34

Autodeterminismo, 161

corregir la propia conducta, 196

grandeza, 181

guerra, 65

marido, mujer y paridad al respecto, 150

niño, control, 158

prueba del gran público para la demencia, 34

reglas doradas, 173

retardo de comunicación, 150

demencia (demente), 241

actos malos, causan dolor, 175

causar cosas que no se pueden experimentar con facilidad, 175 conexiones antisociales, 194

desorden, 183

destruir o salvar a los dementes, 65

marcianos y agentes del FBI, 196

test público para la cordura, 34

demostración

nueva técnica y demostración contundente, 36

depresión

causas básicas, 272

empresa hecha añicos por una época de depresión, 114

derechos

adultos tienen, 165

gente honesta, tiene derechos, 227-229

miembros del grupo que insisten en estos, 136, 137

Personalidad Social los tiene, 204

venganza, 158

dermatitis, 73

desdicha, 241

descripción, 10, 174

dirigirse al espíritu, 26

ética, 250

incapacidad de confrontar, 174

trabajo, 128

véase también **infelicidad**

deshonestidad, 241

proteger a la gente deshonesta, 228

desinterés, 100

destrezas

conocimiento funcional, 138

destrucción

construcción, 238

Dianética: El Poder del Pensamiento sobre el Cuerpo, 273

Dickens, 115

diferenciación

Personalidad Social frente a Personalidad Antisocial, 209

Dinámica Animal

definición, 85

Dinámica de Dios

definición, 85

Dinámica de Grupo

definición, 84

Dinámica de la Humanidad

definición, 84

Dinámica del Infinito

definición, 85

Dinámica del Sexo

definición, 84

Dinámica del Universo

definición, 85

Dinámica de Uno Mismo
definición, 84
Dinámica Espiritual
definición, 85
dinámicas, 83-86
comprenden la vida, 248
Cuarta, 84
definición, 83
en comunicación, 247
ética, 235-251
fuera de comunicación, 244
ejemplos, 248-251
fuera-de-ética, 248-251
consecuencias en las otras, 250
Segunda Dinámica, 250
grupos, 84
importancia relativa entre ellas, 83, 86
juegos, 102
lista, 85
ocho, 83-86
Octava, 85
poner más énfasis en unas que en otras, 83
Primera, 84, 85, 240, 247, 251
Quinta, 85
Segunda, 84, 236, 247, 250
Séptima, 85
serie de círculos concéntricos, 85
Sexta, 85
solución óptima, 236
Tercera, 84, 86, 247
víctima de sus dinámicas, 245
dirección
conocimiento y derecho, 138
directivo
bueno, 104
Credo de un Directivo Bueno y Diestro, 139-141
miembro del grupo que lo es, 138
disciplina
crueldad en nombre de la disciplina, 183
distancia
afinidad y consideración de distancia, 91
Doctrina del Dato Estable, 117
la otra cara, 121
dolor
actos malos, causan dolor, 175
acumulación, 71-73
advertencia de no supervivencia o muerte potencial, 59
anularlo o borrarlo, 73
causar cosas que no se pueden experimentar con facilidad, 175
definición, 71
dolor mental, 72

frente a inmortalidad, 237
memorias, 73
mente, 61
síntoma, 74
vida tiene que evitarlo, 59

dolor mental, 72

drogas, 240
adicción al alcohol o a las drogas, 250
adolescente que las toma, 247
fabricante, 260

Durant, Will, 271

E

educación
base autoritaria frente a educación, 40
lograr resultados, 37
principios, 41
razón de existir, 165
razones para el fracaso, 116
sociedad, educación impuesta, 37
véase también **entrenamiento**

efectos
crear sólo aquellos efectos que se puedan experimentar con facilidad, 174

eficiencia, 73
elevarla, 65

ejecutivo, 129
competencia, 101

elección, poder de, 106

emoción
A-R-C, 93
tonos, 92

emoción equivocada, 175

energía, 59
emoción y partículas de energía, 92
Scientology y un mayor conocimiento, 12
vida, 57

enfermedad
desarrollar enfermedades que imposibilitan, 237
dos clases generales, 25
es posible erradicarla, 73

enfermedad psicosomática, 26
dolor almacenado, 73

Enojo, 92

enseñanza
uso de una máquina, 117, 118

entorno
construir el propio, 9
darle al niño libertad de acción, 159
peligroso, 203, 260

entorno peligroso, 260
Personalidad Antisocial, 203
entrenamiento, 128
del niño
esfuerzos por moldear, 162
perro frente a niño, 158
sin romperlo, 157
véase también **educación**
Entusiasmo, 92
era de la máquina, 228
Escala Tonal
A-R-C, 93, 94
esclavitud
futura esclavitud política, 229
espacio
elemento del universo físico, 57
esperanza
sabiduría, 274
espiral descendente, 104
ética, 235
incapacidad de confrontar, 174
interrumpirla, 75
las propias incapacidades, 129
padres, niño, 163
espíritu
cambiar el comportamiento, 25
elevar el knowingness, 27
enfermedad, 26
estado de ánimo
Personalidad Social, 207
estado de beneficencia, 137
estudiante
determinar si las afirmaciones son ciertas, 34
estudiar Scientology, 33
estudiar
cómo estudiar Scientology, 33-41
estupidez, 118
confusión, 117
causa básica, 116
ética
aproximarse al ideal de un grupo, 136
conceptos de supervivencia a largo plazo, 236
conducta correcta e incorrecta, 238
dinámicas, 235-251
fuera-de-ética, 248-251
directivo que interpreta el ideal, 139
grupo verdadero, 135
interacción con otras dinámicas, 247
justicia
no conseguir aplicarla, 244
tu supervivencia, 245-248
nunca desvirtuar o enmascarar, 140

para el individuo, 235
racionalidad, 235
supervivencia óptima, 237

ética dentro
dinámicas, 248
véase también **ética**

eutanasia, 64

evaluación
conocimiento y no evaluar, 39
datos, 36-38

existencia
razón de existir, 99

éxito
condiciones del éxito, 127
hombre que tiene éxito, 127-130
ingredientes, 128

experimentación
planificar y aprender, 140

experimentar, 173-176
actos malos, 175
confrontar, 174
cualquier cosa, estar dispuesto, 173
ser capaz de, 176
lo que se le ha hecho a uno, 174

extorsión, 260

F

falta de control
confusión, 119

familia, 84
capacidad en cuanto a este, 150
descripción, 164
Personalidad Antisocial y familias que se desintegran, 192
suegra y problemas, 150
supervivencia, 61

fascista, 63

fe
directivo que tiene, en sí mismo y en el grupo, 141

felicidad, 65
¿Es posible ser feliz?, 7-12
actitud, 104
confrontar, experimentar, 174
corazón limpio y manos limpias, 247
crear la vida propia, 10
definición, 60
dos reglas de oro, 176
dos reglas para una vida feliz, 173-176
ética dentro, 250
Hombre, le gusta, 272
hombres que no pueden trabajar y ausencia de felicidad, 128

libertad entre barreras, 101
odio frente a felicidad, 184
pena, 181
toda se halla en ti, 8

filosofía
acerca de la vida y la muerte, 259
definición, 271
gente que la encuentra interesante, 261
Mi Filosofía, 271-275
poderse usar, 272

física
por delante de otras ciencias, 38

física nuclear, 48
darse las manos con la religión, 49

fracaso, 61
en la vida, ejemplo, 10
en negocios y gobiernos, 101
grupo, 136

fuera-de-ética
cave-in, 245
definición, 236
dinámicas, 248-251
justicia, 244
más destructivo que constructivo, 239
Segunda Dinámica, 250
sociedad, 236

fuerza
controlar con ella, 62
universo físico, sólo capaz de ejercer fuerza, 58

fundamentos, 39-41
de Scientology, 37
estudiante, descubrirlos, 33

G

Galeno, 34

generaciones futuras, 61

gente
capacidad para controlarla, 127

gobierno, 103
fracasado, 101
Personalidades Antisociales, 205

gracia
niño que la pone en la vida, 8

grandeza
demencia, 181
fiel a tu propia decencia, 182
qué es, 181-184
secreto, 184

grupo

directivo

Credo de un Directivo Bueno y Diestro, 139-141

liderar en dirección a las metas del grupo, 139

tiene afinidad por el grupo, 139

miembro del grupo, entender las metas, 137

oposición violenta a cualquier mejoramiento, 191

participante con éxito, 136

sólo apoya a grupos destructivos, 195

supervivencia, 61

verdadero, 135-141

grupo verdadero, 135-141

guerra

causa, 216

crear un mundo demasiado cuerdo para ella, 65

propósitos, 105

Segunda Guerra Mundial, Tercer Partido en ella, 217

sin ser aliviada por una simple palabra de decencia, 273

H

Harvey, 34

hecho

ponerlo a prueba por uno mismo, 35

herramientas

estudio de Scientology, 33

hipnotismo

autoritarismo, 40

Historia de la Filosofía, 271

Hitler, 64, 65, 246

Hombre

Autodeterminado frente a Pandeterminado, 103

básicamente bueno, 161, 237

busca la supervivencia, 250

búsqueda del Hombre en pos de su alma, 47-49

hablar con un hombre enojado, 93

indispensable, 129

justicia no se puede dejar en sus manos, 244

obsesionado con la materialidad, 273

ocupado, 105

que tiene éxito, 127-130

rehabilitación de lo mejor, 48

su arma más poderosa, 235

homicidio por compasión, 64

honestidad

la gente honesta tiene derechos, también, 227-229

libertad, 227, 229
se le recompensa con supervivencia, 242

Hostilidad Encubierta, 92

I

ideal
aproximarse al ideal de un grupo, 136
nunca desvirtuar o enmascarar, 140
práctico frente a, 139

imán para las dificultades
cero de influencia, 246

imperio
ganar uno, para el grupo de uno, 141

impuestos, 114

inactividad, su maldición, 100

incertidumbre
confusión, 118

inconsciencia, 72
actos malos, causan dolor, 175
cancelarla, 73
causar cosas que no se pueden experimentar con facilidad, 175

incorrecto
correcto, 237-241

indecisión
educación que descansa sobre esta, 40

individuos
responsabilidad de estos por el grupo, 136

infanticidio, 236

infelicidad
falta de problemas, 105
véase también **desdicha**

infinitud
supervivencia, 60
tener completamente razón, 239

influencia
cero, 246

ingeniería
descripción, 38

iniciativa
miembro de un grupo, 137

inmortalidad, 27, 60-65, 237
alcanzar, 25
Hombre, 49
infinitud de placer, 60

institución mental
amigos de la Personalidad Antisocial, 194
internos, 191

integridad personal, 19-20

definición, 19

observación, 19

inteligencia

definición, 118

elevar, 129

marido, mujer y paridad al respecto, 150

no es una pista para la Personalidad Antisocial, 205

relacionada con la capacidad, 127

intenciones

control, 119

Hombre e intenciones básicas, 237

mal, el

hombres las ocultan, 228

tratar de suprimir las de uno, 238

miembro de un grupo, 137

interés

desinterés, 100

invalidación

persona que trafica principalmente con aquella, 193

J

joven

Yo puedo conseguir y conservar un empleo, 120, 122

juegos

Autodeterminismo, 102

capacidad de jugarlos, 106, 129

definición, 99

dinámicas, 102

libertad, barreras y propósitos, 103

obligado a jugar, 106

Pandeterminismo, 102

tres elementos, 105

vida, 99-106

jugar

motivo del trabajo duro, 165

un juego y devolver la capacidad para jugarlo, 129

juguetes

bajo control exclusivo del niño, 159

justicia

bien del grupo, 139

cuándo se usa y cuándo no, 247

ética
dinámicas, 235-251
no conseguir aplicarla, 244
tratar de reemplazarla, 245
tu supervivencia, 245-248
hasta cuándo se usa, 245
protección
del inocente y el decente, 244

L

Lenin, 217
lesión, 128
descargarla, 74
Ley del Tercer Partido, 215-219
leyes
del universo, 243
el universo físico, 58
Ley del Tercer Partido, 215-219
limitar toda actividad debido a algunos miembros, 138
niños
invariable, 165
pertinente a los hombres, mujeres y niños, 158
libertad
barreras, 100
camino hacia la libertad, 275
conocimiento, 273
elemento de los juegos, 100
infelicidad, 104
la verdad te hará libre, 272
libertad de, 101
para el niño y para ti, 163
para hombres honestos, 227
Personalidad Social la tiene, 204
se debe merecer, 227
total, 101
líneas de comunicación
alto nivel, 138
celos y líneas ocultas, 151
cortarlas, 150
protección, 139
locura
comprender el grado de su locura, 183
lucha de la vida, 58

M

magia, 11
dotar a las cosas de belleza, 9
niños, 8
mala suerte, 127
mal control
definición, 119
intención, 119
mal, el
bien, 237-241
conducta, 238

conducta antisupervivencia, 239

definición, 239

denominador común, 120

gente se especializan en el mal, 209

intenciones, 238

reglas de oro frente a gobernar con maldad, 176

máquina

enseñar a usarla, 117, 118

trabajador no es una rueda dentada, 130

marcianos

demente y mundo lleno de marcianos, 196

marido

engañado, 247

paridad de cordura con la mujer, 150

masa

barreras, 101

materia

compuesta de, 57

materia, energía, espacio y tiempo, 58

véase también **MEST; universo físico**

materialidad

Hombre, obsesionado, 273

matrimonio, 128, 149-151

celos y rupturas, 151

garantizar la continuación, 149

no casarse con la primera persona apropiada, 10

no salió bien, 9

peleas en él, 218

reparación, descripción, 150

memoria

dolor, 73

memorización

sistema educativo, 40

mente, 60-63

definición, 60

dolor e inconsciencia almacenados en ella, 72

energía en la mente de uno, 12

no es un problema sin resolver, 11

no será ágil en el tema, 37

principalmente llena de datos, 36

qué es lo que hace, 60

relación con la supervivencia, 60

respuesta rápida, mente rápida y cuerda, 150

sobrevivir sólo para sí misma, 62

turbulencia, 37

mentiras

mercader del caos, 262

por qué se dicen, 241

mentiroso

cavar la propia tumba, 247

inevitablemente un cobarde, 241

mercaderes del caos, 263

descripción, 259

entorno peligroso, 260

mentiras, 262

MEST

definición, 85

véase también **universo físico**

metas

conocerse a sí mismo, 12

corregir el no reconocer las metas, 137

felicidad, 7, 60

grupos, 135

juegos, 105

las tuyas, 3

mente confusa acerca de las suyas, 62

planificación del directivo, a la luz de estas, 140

scientologists, 49

verlas y abarcarlas, creador de metas, 139

Miedo, 92

conducta no ética, 241

directivo que no conduce al grupo con amenazas, 141

miembro de un grupo

Credo de un Miembro de un Grupo Verdadero, 136-138

derecho a contribuir al grupo, 136

Mi Filosofía, 271-277

milagros

Scientology y la realización de milagros, 49

monocélula, 58

motivos

Personalidad Social y Personalidad Antisocial, 204, 209

movimiento

confusión y movimiento aleatorio, 115

confusión y *todas* las partículas en movimiento, 116

movimiento aleatorio, 115

muerte

a pequeña escala, 64

ciclo de concepción, nacimiento, crecimiento, deterioro y muerte, 59

comienzo, 63

cuerpo, 59

descripción, 63

dolor, advertencia de muerte, 59, 72

equivocado, 240

estado de olvido, 27

vida

filosofía al respecto, 259

tiene un uso para la muerte, 62

ya no se tiene responsabilidad, 129

mujer

paridad de cordura con el marido, 150

mundo

cinco años frente a treinta, y mirar al mundo, 8

cómo manejar las confusiones del mundo del trabajo cotidiano, 113-122

en marcha gracias a un puñado de hombres desesperados, 130

viviendo en un mundo muy rápido, 11

N

nacimiento

percepción de un bebé en este, 85

Napoleón, 246

negocio que está fracasando, 192

neurosis

ausencia de formación acerca de, 149

familias de ricos, 105

neurótico, 64

niños, 84

bien, contento, encantador, inteligente, 163

camino a ser antisocial, 164

capacidad en cuanto a esta, 150

cómo vivir con ellos, 157-166

crianza, descripción, 157

derecho al autodeterminismo, 158

descripción, 158

la mejor terapia, 157

meta de crecer, 165

nivel de contribución, 163

seres humanos, 160

suprimido por sus padres y la escuela, 64

tratar de controlar y poseer, 161

O

observación

valor de saber y decir lo que has observado, 19

ocho dinámicas, *véase* **dinámicas**

Octava Dinámica

definición, 85

ocultar

efectos que se pueden experimentar con facilidad frente a ocultar, 174

odio

preservar a la decencia frente a, 183

sucumbir a las invitaciones a odiar, 181

oficinista, 130

operadora de centralita, 116, 117

orden

no guarda ningún orden, 183

ponerlo, 117

organismo, 58

consta de, 59

deshacerse del obsoleto, 63

dolor, 71

mente, 60

organización

directivo, actúa sólo para esta, 139

orgullo

por las tareas de uno, 138

P

padres

contribuir con el niño, 163

entidades de supervivencia y antisupervivencia, 162

suprimir al niño, 64

pájaro de mal agüero, 193

palabra

mantenerla, 240

Pandeterminismo, 102, 105

parar

actos dañinos y los esfuerzos por pararlos, 245

pareja, matrimonial

mala selección, 149

retardo de comunicación, 150

paz

en la tierra, confiar plenamente los unos en los otros, 229

pecado

ministros cristianos, 173

pelea

Tercer Partido, 216

pensamiento

afinidad, 92

pensar

descripción, 39

por uno mismo frente a Autoridad, 38

pensión, 113

pérdida

actos malos que causan gran pérdida, 175

de supervivencia, 72

dolor, 71

perdón
- grandeza frente al perdón, 182

periódicos
- entorno peligroso, 260
- sentirse mejor, no leer periódicos, 262

personalidad
- mente, 60
- no muere, 63

Personalidad Antisocial, 191-197
- alivio, 196
- artista es un imán para aquella, 195
- atributos, 192-195
- características, 206
- crímenes que perpetra, 191
- entorno peligroso, 203
- identificación, 206
- inteligencia no es una pista, 205
- no responde al tratamiento, 193
- porcentaje de la población, 192
- prueba, 204
- razones para su comportamiento, 195-196

personalidad básica
- buenas intenciones, 237

Personalidad Social, 203-209
- características, 206
  - doce, 206-208
- motivación básica, 208-209
- tratamiento funcionan bien en ella, 207

personal, integridad, 19-20

persona ocupada, 105

pervertido, 241

Pesar, 92

placer
- ayudar a otros, mayor placer, 273
- definición, 60
- medida de la supervivencia, 250
- mente, 61
- niño que pone gracia en la vida, 8
- vida tiene que obtenerlo, 59

planificar
- ejecución infalible, 138
- fracasado, 137
- grupo, descripción, 140
- nunca permitir que se distorsione, 140

poder de elección
- vida, 106

política
- ciencia, 39
- Personalidades Antisociales, 191

poniéndose a las órdenes, 140

Porqué, El, 99-106

posesiones

del niño, 159

abandonarlas a su suerte, 163

negadas, 162

juegos, 99

potencialidades

mente y verdadero potencial, 62

pérdida de supervivencia, 72

restaurar el potencial pleno de vida, 75

práctico

frente a ideal, 139

predicción

del comportamiento humano, 93

Primera Dinámica, 85

definición, 84

desdicha, 251

hombre que le roba a su patrón, 247

muerte y lo más equivocada que puede estar en ella, 240

Principio Dinámico de la Existencia, 237

principios fundamentales

directivo que los mantiene elevados, 140

principios morales, 241-245

definición, 243

problemas

confusión, 114, 122

falta de estos, 105

felicidad y principal problema, 7

guerra de propósitos, 105

invención de problemas artificiales, 105

mente y resolución de problemas, 60

procesamiento

cónyuges matrimoniales, 150

juegos, 105

recuperar la capacidad de experimentar, 176

profesión

éxito, 40

propiedad

idea de que no la hay, 195

propósito

ejecutivo, 101

elemento de los juegos, 100

juegos, 103

propósito-contra-propósito, 104

psicosis

ausencia de formación acerca de, 149

puñado de hombres desesperados

mantienen unido al mundo, 130

Q

Quinta Dinámica

definición, 85

R

racionalidad

demente y apariencia de racionalidad, 196

hacia el más alto nivel de supervivencia, 235

razón, 235

capaz de, 58

códigos morales y la falta de mayores poderes de razonamiento, 243

interrumpir el deterioro, 140

lo máximo en cuanto a razón, 244

razón, tenerla

Personalidad Antisocial, 196

realidad

definición, 93

directivo y realidad creativa más elevada, 139

más aguda para un niño, 166

relación con comunicación y afinidad, 93

validación y realidad subjetiva y objetiva, 38

regla budista, 173

reglas

dos reglas para una vida feliz, 173-176

reglas de oro para la felicidad, 176

rehabilitación

lo mejor del Hombre, 48

religión

darse las manos con la física nuclear, 49

proviene de la filosofía, 271

punto de encuentro con la ciencia, 48

reglas doradas, 173

Scientology, 25

remordimiento

Personalidad Antisocial y falta de remordimiento, 195

responsabilidad

conocimiento y esfera, 138

grupo, individuo, 136

mente, 61

muerte y después de esta, 129

Personalidad Social, 208

reconocimiento pleno de la propia, 65

respuestas

Scientology

verdad básica, 261

restricciones
libertad, 101
vida, 104

resultados
educación y lograr resultados, 37

retardo de comunicación
descripción, 150

retirarse
por qué empieza la persona a hacerlo, 245

reumatismo, 73

Revolución Francesa, 103

rutina diaria
Apatía, 114

S

sabiduría
alcanzar, 25
esperanza, 274
filosofía y búsqueda del conocimiento, 271

salud, 65
alcanzar una buena salud, 25
buena salud de un niño, 158
metas que superan la salud física, 49

scientologist
abordar el espíritu humano, 26

Scientology
aumentar la capacidad, 129
cómo estudiar, 33-41
conocerse a sí mismo, 12
definición, 25, 49, 272
descripción, 25-27
estudiar, cuestionar y usar, 40
funcionalidad, 262
los que buscan la verdad, 48
mayor conocimiento de la energía, 12
observaciones y lo que es verdad para ti, 20
periódicos, 260
postulados funcionales, 161
practicante, 74
procesamiento, 176
remediar las malas condiciones, 25
se eleva por encima de una categoría autoritaria, 33
test para la cordura, 150
tú, 3
verdad básica, 261
verdadera historia, 259-263

Segunda Dinámica
aborto e infanticidio, 236
definición, 84
fuera-de-ética, 250
hombre que le roba a su patrón, 247

Segunda Era de los Milagros, 27

seguridad

definición, 118

minar la de uno, 114

niño necesita comprensión y seguridad, 165

Séptima Dinámica

definición, 85

Serenidad, 92

parte superior del Triángulo de ARC, 93

seres, 263

Ser Supremo, 85

servicio

al grupo, directivo, 140

ser vivo, 59

sexo

capacidad en cuanto a este, 150

promiscuidad, 240

Sexta Dinámica

definición, 85

Shakespeare, 35

sobrevivir

capacidad infinita, 235

derecho a ello, directamente relacionado con su honestidad, 228

Principio Dinámico de la Existencia, 237

véase también **supervivencia**

sociedad

ayudar a las Personalidades Sociales en ella, 205

educación impuesta, 37

en la que reinan los mercaderes del caos, 260

fuera-de-ética, 236

misión de una sociedad tecnoespacial, 228

Personalidad Antisocial

proteger a la sociedad, 191

reconocerla, 196

regida por criminales, 244

sumamente degradada, 241

supervivencia, 64

tener una sociedad segura, 65

trabajo y dato estable, 128

sólido

afinidad, 92

solución

mayor atención a la verdad, 140

óptima, 248

peor solución frente a, 236

solución óptima

aumento de la supervivencia en la mayoría de las dinámicas, 248

definición, 236

subordinados
planificación, nunca permitir que la perviertan, 140

sucumbir
dejar de sobrevivir y comenzar a sucumbir, 58

sueldo
trabajo por el trabajo en sí frente al sueldo, 128

suerte, 127
definición, 115, 119

suicida, 63, 250

superstición, 11
sabiduría, 273

supervivencia, 58-64
acuerdos para lograrla al nivel más alto, 62
buscar niveles más elevados de esta, 73
comenzar a sucumbir y dejar de sobrevivir, 58
conceptos de supervivencia a largo plazo, 236
de la familia, 61
dolor y castigo por errores en ella, 71
ética, 237
justicia y tu supervivencia, 245-248
familia, meta, 164
generaciones futuras, 61
honestidad, 242
impulso primario de la vida, 58
infinitud, 60
lo estrictamente necesario, 237
mayor salvaguarda de su propia supervivencia, supervivencia del grupo, 138
mente, 60
nadie sobrevive solo, 248
pérdida, 72
placer, 250
sociedad, 64
sólo para uno mismo, 62

supresión
que trafica principalmente con ella, 193

T

tarea
derecho a criterio y orgullo, 138
los que intentan obstaculizarle a uno, 181

tecnología
volverse un experto en la tecnología de uno, 137

tensión
organismo, 71

Tercera Dinámica
definición, 84